*Para*

*com votos de paz*

# DIVALDO FRANCO
PELO ESPÍRITO
## JOANNA DE ÂNGELIS

# VITÓRIA SOBRE A DEPRESSÃO

Salvador
3ª edição – 2024

COPYRIGHT © (2010)
CENTRO ESPÍRITA CAMINHO DA REDENÇÃO
Rua Jayme Vieira Lima, 104
Pau da Lima, Salvador, BA.
CEP 412350-000
SITE: https://mansaodocaminho.com.br
EDIÇÃO: 3. ed. (3ª reimpressão) – 2024
TIRAGEM: 3.000 exemplares (milheiro: 41.500)
COORDENAÇÃO EDITORIAL
Lívia Maria C. Sousa

REVISÃO
Luciano Urpia
CAPA
Cláudio Urpia
MONTAGEM DE CAPA
Marcos Cosenza
EDITORAÇÃO ELETRÔNICA
Marcos Cosenza
COEDIÇÃO E PUBLICAÇÃO
Instituto Beneficente Boa Nova

PRODUÇÃO GRÁFICA
LIVRARIA ESPÍRITA ALVORADA EDITORA – LEAL
E-mail: editora.leal@cecr.com.br

DISTRIBUIÇÃO
INSTITUTO BENEFICENTE BOA NOVA
Av. Porto Ferreira, 1031, Parque Iracema. CEP 15809-020
Catanduva-SP.
Contatos: (17) 3531-4444 | (17) 99777-7413 (WhatsApp)
E-mail: boanova@boanova.net
Vendas on-line: https://www.livrarialeal.com.br

Dados Internacionais de Catalogação na Publicação (CIP)
(Catalogação na fonte)
BIBLIOTECA JOANNA DE ÂNGELIS

---

F825    FRANCO, Divaldo Pereira. (1927)

*Vitória sobre a depressão*. 3. ed. / Pelo Espírito Joanna de Ângelis [psicografado por] Divaldo Pereira Franco. Salvador: LEAL, 2024.
200 p.
ISBN: 978-85-8266-230-4

1. Espiritismo 2. Psicologia 3. Depressão
I. Franco, Divaldo II. Título

CDD: 133.93

---

Bibliotecária responsável: Maria Suely de Castro Martins – CRB-5/509

DIREITOS RESERVADOS: todos os direitos de reprodução, cópia, comunicação ao público e exploração econômica desta obra estão reservados, única e exclusivamente, para o Centro Espírita Caminho da Redenção. Proibida a sua reprodução parcial ou total, por qualquer meio, sem expressa autorização, nos termos da Lei 9.610/98.
Impresso no Brasil | Presita en Brazilo

# SUMÁRIO

| | | |
|---|---|---|
| | *Vitória sobre a depressão* | 7 |
| | Em louvor ao Irmão Sol | 13 |
| 1 | Mendacidade | 17 |
| 2 | Renovando atitudes | 23 |
| 3 | Erotismo | 29 |
| 4 | Rancor | 35 |
| 5 | Arrogância | 41 |
| 6 | Desafios da vida | 47 |
| 7 | Abnegação | 53 |
| 8 | Heroísmo sem-nome | 59 |
| 9 | Viagem ao exílio | 65 |
| 10 | Vida e morte | 71 |
| 11 | Influenciações | 77 |
| 12 | O livre-arbítrio | 83 |
| 13 | Marcas morais | 89 |
| 14 | Responsabilidade de consciência | 93 |

| | | |
|---|---|---|
| 15 | Viver com alegria | 99 |
| 16 | Fugas pela culpa | 105 |
| 17 | Fé e bênção | 111 |
| 18 | Provações abençoadas | 117 |
| 19 | Necessidade da autoiluminação | 123 |
| 20 | O trabalhador espírita | 129 |
| 21 | O retorno do filho pródigo | 135 |
| 22 | Mediunidade com Jesus | 141 |
| 23 | O sofrimento Purificador | 147 |
| 24 | Silêncio perturbador | 153 |
| 25 | Ocorrências aflitivas | 159 |
| 26 | Conquista de sentido existencial | 165 |
| 27 | Enfermidades | 171 |
| 28 | Fé raciocinada e comportamento | 177 |
| 29 | A verdade desvelada | 183 |
| 30 | Conquista e preservação da saúde | 189 |

# VITÓRIA SOBRE
# A DEPRESSÃO

Vive a sociedade terrestre grave momento na área da saúde emocional e comportamental.

Apresentando-se em caráter pandêmico, a depressão avassala os mais variados segmentos sociais, arrastando verdadeiras multidões ao terrível distúrbio de conduta.

As grandiosas conquistas da inteligência ainda não lograram impedir a irrupção, em forma devastadora, desse transtorno que dizima incontáveis belas florações da cultura, da arte, da ciência, do pensamento, da inteligência e do sentimento.

Contam-se por milhões, nos países superpopulosos, aqueles que lhe padecem a injunção perversa. No entanto, nos redutos de pequena monta, igualmente se encontra insinuante e insensível, paralisando pessoas válidas que, de um para outro momento, são dominadas pelo terrível morbo, que lentamente as vence, empurrando-as para o desespero interior, o vazio existencial e, não poucas vezes, para o suicídio.

Apresentando-se como decorrência de problemas fisiológicos – hereditariedade, enfermidades infectocontagiosas e suas sequelas, golpes que produzem lesões cerebrais –, como também de natureza psicológica – ansiedade, medo, solidão, angústias por perdas de diversas expressões –, vem recebendo o melhor contributo da Ciência e da Tecnologia, sendo de difícil *erradicação, pela facilidade com que se apresenta em recidiva constante, quando tudo parece harmônico e saudável.*

*Desde o transtorno depressivo infantil ao juvenil, ao adulto e ao senil, manifesta-se, também, nas fases pré-parto, pós-parto, como igualmente psicoafetiva, sazonal, unipolar, bipolar, com as alternâncias de humor, não poucas vezes avançando para transtornos psicóticos mais graves, com aflitivas alucinações...*

*Pode-se afirmar que a depressão é ocorrência que se manifesta como distúrbio do todo orgânico e resulta de problemas do quimismo neuronal, com a falta de alguns dos neuropeptídios ou neurocomunicadores responsáveis pela alegria, o bem-estar, o afeto, tais como a dopamina, a serotonina e a noradrenalina...*

*Aprofundando-se, porém, a sonda investigadora a respeito desse cruel distúrbio comportamental da área da afetividade, a doença se exterioriza em razão do doente, que é sempre o Espírito reencarnado em processo de reequilíbrio dos delitos anteriormente praticados.*

*Desse modo, quase todas as terapêuticas da atualidade, contribuindo para o reajustamento das neurocomunicações, mediante os medicamentos eficientes, assim como de incontáveis propostas de libertação do paciente, devem ter em vista a recomposição moral e espiritual do mesmo.*

*Identificada, desde priscas épocas, com denominações variadas, como melancolia, psicose maníaco-depressiva, e mais recentemente como transtorno depressivo, no Ocidente foi estudada mediante os recursos da época pelo eminente pai da Medicina, Hipócrates, sendo discutida por Galeno e muitos outros até a atualidade, permanecendo, no entanto, agressiva e dominadora, desafiando as conquistas da inteligência e do sentimento.*

*A depressão é doença da alma, que se sente culpada e, não poucas vezes, carrega esse sentimento no inconsciente, em decorrência de comportamentos infelizes praticados na esteira das reencarnações, devendo, em consequência, ser tratada no cerne da sua origem.*

*Além de todos os fatores que a desencadeiam, ao Espiritismo coube a nobre tarefa de demonstrar que também existem outras causas, as de natureza espiritual, contribuindo para o surgimento e manutenção da problemática na área da saúde, que se traduzem como transtornos obsessivos de grave incidência.*

*O Espírito é um viajor incansável da imensa estrada das reencarnações, avançando da treva para a luz, do instinto para a inteligência, e dessa para a razão, logo mais para a intuição; o seu comportamento esteve adstrito aos impositivos do primarismo por onde jornadeou longamente.*

*Nessa trajetória, em que lhe faltava o real discernimento a respeito do Bem e do Mal, ou mesmo deles tomando conhecimento, os automatismos fisiológicos e psicológicos levaram-no ao comportamento egoístico e insensível, gerando situações de profundas perturbações, porque aos outros infelicitando, agora se sente no dever de ressarcir os erros, de retificar condutas, de resgatar os males praticados, e o sofrimento é um dos admiráveis mecanismos oferecidos pela vida para esse fim.*

*Porque situando-se na mesma faixa de desenvolvimento afetivo, suas vítimas, que o não perdoaram, permanecendo na Erraticidade e reencontrando-o, investem com fúria contra a sua paz, na desenfreada loucura da perseguição insana, em que também se comprometem, dando lugar aos lamentáveis processos de depressão por interferência obsessiva.*

*Podemos mesmo asseverar que, na maioria dos transtornos depressivos, a causa apresenta-se como de natureza es-*

piritual, ou após desencadeada pelos fenômenos orgânicos – psicológicos ou fisiológicos – torna-se mais complexa em razão da influência perniciosa dessas personalidades desencarnadas.

Havendo constatado essa psicogênese respeitável, que facilita o diagnóstico da problemática, o Espiritismo também oferece o grande contributo terapêutico para sua solução, tendo como base os ensinamentos de Jesus Cristo, o Médico por excelência, cuja vida é o mais belo poema de amor e sabedoria que a História conhece.

Nesse particular, o Espiritismo apresenta o seu arsenal de socorros, como, de início, o esclarecimento do paciente, a fim de que adquira a consciência de responsabilidade, dispondo-se à recuperação a esforço pessoal, sem o mecanismo passadista de transferir para outrem o que ele deve realizar.

Logo depois, o empenho para conseguir a própria transformação moral para melhor, no que irá contribuir para amainar o ódio, o ressentimento da(s) sua(s) vítima(s) de ontem que, sensibilizada(s) pela sua mudança de comportamento, resolverá(ão) por deixá-lo entregue à própria sorte... Em seguida, o hábito saudável da oração, dos bons pensamentos por meio de leituras edificantes, dos diálogos que enriquecem o ser interior, da fluidoterapia – passes, água fluidificada, desobsessão sem a sua presença...

O Senhor da vida não é insensível cobrador de crimes, mas Pai Generoso que sempre oferece oportunidade ao calceta, a fim de que se reabilite e seja feliz.

A saúde é, portanto, o estado ideal do espírito que se descobriu a si mesmo e se identifica com o cosmo, nele inserido em clima de harmonia.

*Estudamos, na presente obra, trinta temas que têm a ver com a palpitante questão saúde–doença, apresentando alguns ângulos talvez não pensados pelo caro leitor, a fim de que, vivenciando-os, possa experimentar o equilíbrio e mantê-lo, evitando tombar nas armadilhas bem urdidas da depressão, ou nas ciladas bem montadas pelos espíritos infelizes, seus adversários.*

*Elegemos, para reflexão inicial, a mensagem que ditamos em Assis, junto ao túmulo do Pobrezinho, exemplo grandioso de alegria de viver e de servir, como preparação para as meditações necessárias.*

*Desejamos que todos aqueles que nos honrem com a sua atenção através da leitura das nossas páginas renovem-se e permaneçam em paz, com saúde e bem-estar.*

*Mansão do Caminho,
Salvador, 05 de janeiro de 2010.*

*JOANNA DE ÂNGELIS*

# EM LOUVOR
# AO IRMÃO SOL

Quando chegaste à Terra, a noite medieval espalhava o terror, mantendo a ignorância em predomínio de que se locupletavam os poderosos para esmagar os camponeses e os citadinos pobres.

Havia superstição e medo em toda parte, caminhando a Humanidade sob o estigma do pecado e do vício que eram punidos com impiedade.

Tu chegaste e apresentaste a verdade, que nunca mais deixou de iluminar a sociedade.

Existiam a perversidade sem disfarce e a discriminação de todo tipo, havendo-se tornado o homem o lobo do homem, assim ficando desprezível.

Na tua simplicidade santa, cantaste o hino de louvor a todas as criaturas, chamando-as docemente de irmãs.

Permanecia epidêmico o ódio, que espalhava o bafio pestilento das guerras intérminas, deixando os campos juncados de cadáveres que apodreciam a céu aberto...

Tua voz, suave e meiga, entoou, então, o canto da paz, e te fizeste o símbolo da verdadeira fraternidade que um dia se estenderá por toda a Terra.

As epidemias dizimavam os seres humanos, reduzidos a hilotas do destino insano, dentro da terrível fatalidade do sofrimento sem termo.

A fé religiosa, com a sua pompa extravagante, amparava-se nos fortes e os ajudava a perseguir e malsinar os fracos, mas tu tiveste a coragem de despir-te das sedas e brocados do teu pai, desnudando-te para nascer novamente, dedicando-te, a partir daquele momento, aos leprosos de Rivotorto...

No início do teu ministério, quando se aproximaram os primeiros servidores do amor, riscaste no chão uma cruz e enviaste-os aos quatro pontos cardeais do mundo, para que todos conhecessem o Sol de Primeira Grandeza. Enquanto Ele os houvera enviado dois a dois, tiveste a coragem de os encaminhar a sós, porque sabias que Ele seria o companheiro inseparável daqueles abençoados heróis do amor em todos os seus momentos.

Num período em que a fé religiosa inspirava pavor, àqueles que se consideravam representantes de Deus no mundo, distanciando-se cada vez mais das ovelhas que deveriam pastorear, tomaste a vestimenta de ovelha branda e reuniste aquelas desgarradas, formando um novo rebanho...

Nos teus dias, e mesmo um pouco depois, ninguém te resistia a presença, a voz, a vibração de inefável amor...

Nem mesmo o lobo feroz de Gúbio ou as andorinhas gárrulas, que te perturbavam a canção de amor, quando cantavas aos ouvidos atentos dos sofredores no altar da Natureza, fazendo-as calar-se.

No forte verão, quando tinhas a vista queimada pelo ferro em brasa e estavas ao ar livre, percebeste pelo zumbido das abelhas que lhes faltavam pólen e flores para fabricar mel. Não trepidaste em solicitar à tua irmã Clara que providenciasse do monastério o alimento para aquelas irmãzinhas laboriosas...

Quem se atreveu a comportar-se dessa forma, depois d'Ele, a quem tanto amaste, a ponto de imitá-lO em todos os teus momentos, a partir do instante em que Ele te chamou para a reedificação da Sua igreja moral que estava em escombros?

Oh! Irmão Cantor dos desesperados e esquecidos!

O mundo moderno, rico de glórias ligeiras e pobre de sentimentos, orgulhoso das suas conquistas rápidas, mas que não nota a imensa aflição em que estorcegam as multidões famintas e excluídas da sua sociedade, vivendo uma insuperável noite de horror e de incertezas, necessita de ti com muita urgência.

Nunca houve tanta carência de amor quanto agora, por isso o teu canto virá diminuir a angústia que se transformou em patética afligente na Terra sofredora.

Há, sem dúvida, grandezas que defluem da Ciência e da Tecnologia, mas a solidão, a ansiedade, o medo e as incertezas, todos eles filhos do materialismo insensível, produzem o vazio existencial, os transtornos psicológicos graves, as doenças psicossomáticas, a loucura pelas drogas, pelo alcoolismo, pelo tabaco, pelo sexo desvairado, levando suas vítimas à fuga pelo suicídio injustificável.

Volta, Irmão Francisco, para novamente reunir as tuas criaturas, todas elas à tua volta, como fizeste naqueles dias já recuados, conduzindo-as a Jesus.

Novamente convoca os teus irmãos Leão, Rufino, Chapéu, assim como aqueloutros que contigo construíram o mundo que te escuta há oitocentos anos, mas não tem coragem hoje de seguir-te os passos.

Quantos te abandonaram após a tua volta ao Grande Lar?!

Ainda escutamos o silêncio da deserção deles na turbulência das atrações de onde haviam saído e para onde retornaram com avidez...

*Eles estão novamente, na Terra, aturdidos, saudosos, aguardando tua voz, que conhecem e não conseguem esquecer.*

*A tua Assis querida agora está ampliada além das muralhas em que se resguardava, e a sociedade em agonia deseja pertencer-lhe à cidadania.*

*Há música no ar, silêncio nos corações e lágrimas nos olhos de quase todas as criaturas destes dias de inquietações e de incertezas.*

*Em decorrência, há uma grande expectação, denunciando a espera...*

*Volta, por favor, Irmão Alegria, a fim de que a tristeza do desamor bata em retirada e uma primavera de bênçãos tome conta de tudo.*

*O céu azul que te agasalhou e os campos verdes com lavanda perfumada que os teus pés feridos pisavam continuam aguardando-te.*

*Há multidões que te vêm louvar, bulhentas e festivas, mas indiferentes ao teu chamado, sem valor para te seguir.*

*Canta, então, novamente, a tua oração simples, a que nos brindaste naqueles dias inesquecíveis, e onde houver desespero faze que se manifestem a paz e a esperança, e em razão da ameaça da morte iminente, o ser ressurja em júbilos ante as certezas da ressurreição, porque é morrendo que se vive para sempre.*

*Irmão Sol, a grande noite moral da atualidade te aguarda ansiosa!* [*]

JOANNA DE ÂNGELIS

---

[*] Página psicografada por Divaldo Pereira Franco, na tarde de 3 de junho de 2009, junto à tumba de S. Francisco, ao lado de diversos amigos, em Assis, Itália.

# 1

# MENDACIDADE

Costume arraigado no inconsciente humano, em decorrência dos hábitos doentios do passado, a mendacidade também resulta dos processos insalubres da educação doméstica, especialmente nas famílias atrabiliárias, caracterizadas por desajustes de vária ordem.

A família é o laboratório onde se forjam os valores morais edificantes, mediante as contribuições valiosas do amor e da disciplina, corrigindo-se condutas enfermiças e trabalhando-se valores espirituais que devem predominar em a natureza de cada um dos seus membros.

O que não se conseguir em formação da personalidade nos anos infantojuvenis, no seio doméstico, muito mais difícil se apresentará ao longo dos outros períodos, em impositivos de reeducação.

Por essa razão, é mais fácil e proveitoso criar-se hábitos morigerados e saudáveis na infância, quando se insculpe o aprendizado no cerne do ser, do que mais tarde, quando o comportamento já conduz fixações destituídas de equilíbrio e de ética.

Entre os vícios que florescem nos clãs desajustados, a mendacidade ocupa um papel de relevo, em razão da falta de compostura dos seus membros em relação à verdade.

O desrespeito ao correto e veraz, a desconsideração pela maneira como os fatos sucedem, desbordam em referências adulteradas, em comentários desairosos que primam pelo cinismo das conclusões.

Perdendo-se os parâmetros em torno dos acontecimentos, mente-se com muita naturalidade, investindo-se na imaginação exacerbada e tornando-se impossibilitado de proceder a qualquer narrativa conforme o sucedido.

Da mentira pura e simples à perfídia, nesses casos, é somente um passo, assim como da permanente máscara de hipocrisia afivelada à face ao fingimento sistemático, torna-se um costume habitual.

Prolongando-se esse comportamento, suas vítimas desajustam-se e atormentam-se em razão da falta de dimensão da verdade negligenciada.

Tanto se acostumam com a maneira incorreta de agir, que se fazem incapazes de manter a serenidade, o equilíbrio, quando estão no grupo social em que se movimentam.

No íntimo sabem discernir o certo do errado, compreender que laboram em campo de alto risco, qual seja o da mentira, em razão de ser facilmente descobertos, no entanto, a astúcia, que também é um remanescente ancestral da evolução, ilude-os, estimulando-os à utilização de novos argumentos totalmente injustificáveis.

Dessa forma, vivem conflitos emocionais que se agravam com a sucessão do tempo, em razão do medo constante de serem desveladas as suas mazelas, sendo levados ao ridículo que merecem, mas se negam reconhecer.

Vive-se, em consequência, numa sociedade que se deslumbra com o fausto, a ilusão, a mendacidade, como fenômenos perfeitamente naturais, mas felizmente insustentáveis e decepcionantes.

O ser humano educado é veraz em todos os momentos, assumindo as responsabilidades da sua conduta, mesmo quando experimentando dissabores e angústias.

O compromisso com a verdade não lhe permite negaceá-la, aceitando o suborno da fantasia que se dilui como névoa ao sol da realidade.

A instabilidade da conduta, no entanto, em relação aos acontecimentos do cotidiano, a falta de ponderação e recato em referência aos fatos dão-lhe lugar à perda da autoestima e, consequentemente, da saúde emocional.

Alguns quadros de depressão psicológica têm início na ausência do autoamor no paciente, que se não amando, considera-se indigno de ser também amado, porque reconhece a abjeção interior em que se encontra.

Não se encorajando a enfrentar os desafios existenciais que se lhe acumulam no íntimo como efeito da mendacidade, disfarça o conflito que sofre com novas arremetidas da imaginação.

O desenvolvimento intelecto-moral saudável é estruturado nos alicerces da realidade, no convívio com os pensamentos elevados e as programações edificantes de contínua vigilância moral, propiciando-se renovação de atitudes que facultam estímulos salutares para a evolução.

Descobrindo o de quanto é capaz, o indivíduo sai da névoa do desequilíbrio e enfrenta a claridade dos acontecimentos, esforçando-se para acompanhar a marcha do progresso, mediante engajamento seguro nas suas fileiras.

Ser veraz se lhe desenha na mente como adequada condição de pessoa inteligente que opta pelo que é lícito e real, em vez das tumultuadas fugas para a mentira e a hipocrisia.

É medida de bom-tom o reconhecimento das possibilidades que se encontram ao alcance de todos os indivíduos, cada qual estabelecendo as suas metas e campos de trabalho, sem apego ao passado nem ansiedade pelo futuro.

Delineando uma programação existencial, o seu início deve expressar-se de dentro, do íntimo para o exterior, alterando os hábitos mentais perniciosos em que se comprazia e fruindo o bem-estar das novas conquistas a pouco e pouco logradas.

Nesse empreendimento muito pessoal e profundamente psicoterapêutico, modificam-se as paisagens interiores da sua realidade, favorecendo-o com alegria espontânea, que é resultado do destemor de qualquer tipo de acontecimento, podendo seguir adiante em perfeita identificação com a vida.

Ninguém se subtrai à verdade, permanecendo indefinidamente mergulhado nos densos nevoeiros da mendacidade e do despautério.

A marcha do progresso é inestancável, não permitindo a pessoa alguma permanecer por tempo indefinido na retaguarda.

Quando ao viandante faltam forças e a sua é a opção do estacionamento, as irrefragáveis Leis da Vida impõem-se-lhe, arrastando-o, a princípio, a fim de que prossiga com o próprio esforço depois.

Nos transtornos de comportamento, além dos fatores endógenos e exógenos identificados pelos estudiosos das doutrinas psicológicas, predominam os de natureza espiritual, obsessivos, que defluem dos comportamentos indignos do ora encarnado em relação àqueles que ficaram no *Mais-além* e vêm cobrar-lhe a necessária reparação.

Mantendo os comportamentos levianos e mendazes de ontem, oferecem campo psíquico para que se instalem as enfermidades espirituais que requerem cuidadosos procedimentos específicos, a fim de auxiliar o perseguidor e amparar o perseguido.

Essas ocorrências têm lugar nos campos mentais e morais dos pacientes que se facultam o prosseguimento da insensatez, quando dispõem do valioso arsenal do amor e da prece, da paciência e da correção de conduta, da caridade e da abnegação…

Enfermos da alma, portanto, são todos aqueles que optam pela mendacidade que os conduz ao abismo, podendo libertar-se do vício perverso, utilizando-se das contribuições insubstituíveis do Evangelho de Jesus…

# 2

# RENOVANDO ATITUDES

Assevera-se, embora distante de fundamento, *que o hábito faz o monge,* merecendo, porém, corrigir-se para o conceito de que o monge fez o hábito de que se utiliza, tornando-o, então, popular.

Existem atitudes doentias que tipificam determinados indivíduos que, no entanto, foram os responsáveis pela ocorrência em que permanecem.

A arrogância, por exemplo, é uma atitude que mascara o ser humano tímido, dando-lhe a aparência de um poder que não lhe é real. Enquanto desfruta da situação que expressa temeridade, assim se comporta, ocultando o conflito que o mantém em constante vigília em relação aos demais.

O narcisismo, a seu turno, é devaneio mental de deslumbramento em torno da autoimagem, fugindo, aquele que lhe é aficionado, à realidade de tudo quanto se encontra à sua volta, proporcionando presunção, que uma brisa ligeira de qualquer enfermidade altera completamente.

Quando isso, porém, ocorre, incapaz de enfrentar o acontecimento e adaptar-se-lhe, transfere-se da postura soberba e torna-se isolado, em falsa autossuficiência que o mantém distante das demais criaturas.

O déspota padece de atrofia dos sentimentos nobres, e por isso exibe o poder como forma de proteger-se das investidas da emoção, gerando temor por ser incapaz de amar, portanto, de despertá-lo nas demais pessoas.

O bajulador é alguém que perdeu o endereço de si mesmo e atira-se em desespero na direção dos outros, na expectativa de ocultar os medos de que se sente possuído na algazarra que produz.

O hipócrita receia ser descoberto nos dédalos sombrios onde se refugia, desconhecendo sua realidade, desse modo, concordando com tudo e com todos, em forma de autoproteção, evitando sentir-se a sós.

O sexólatra desvia as emoções nobres para as sensações fortes e, animalizando-se, vive erotizado, procurando demonstrar suas habilidades, inseguro dos próprios recursos.

O avaro deposita nos bens materiais toda a sua garantia, incapaz de valorizar os bens morais e mentais de que dispõe, tornando-se apenas um infeliz onzenário...

Essas e muitas outras atitudes doentias falam dos conflitos existenciais que dominam as criaturas, numa complexidade alarmante. Em consequência, o indivíduo pode ser considerado como o tormento que o corrói por dentro, necessitando de urgente mudança para o encontro com a consciência, consigo mesmo, com os nobres objetivos da reencarnação.

Isso sucede porque, no largo período da evolução foram sendo acumuladas experiências não realizadas, dificuldades não equacionadas que ora ressumam em forma de comportamentos que devem ser enfrentados com naturalidade, ao invés de escamoteados como até então têm sido conduzidos.

O objetivo superior da reencarnação é o de propiciar mudanças morais nas atitudes vivenciadas, adotando novos comportamentos que possam produzir bem-estar e equilíbrio, sem as torpes presenças dos conflitos existenciais.

A fim de que seja alcançada essa meta, torna-se indispensável uma análise de situação em referência à forma como cada qual se encontra e as maravilhosas possibilidades que lhe estão ao alcance, desde que se resolva por consegui-las.

Hábitos doentios que se incorporaram à personalidade trabalham em favor de tormentos que podem ser evitados, mas que permanecem em comando automático, vencendo os propósitos de mudança, quando não são firmados em decisões de autossegurança.

De tal maneira o ser humano se adapta aos comportamentos mórbidos que os considera naturais e legítimos, mesmo diante daqueles que demonstram a excelência de que se fazem portadores.

Navegar na barca da ilusão onde todos manifestam os seus sentimentos por meio de atitudes agressivas e reprocháveis, em forma de escusa, demonstra infantilidade psicológica necessitada de maturidade e vivência adulta.

Confirmando a imortalidade do Espírito à desintegração celular, a Doutrina Espírita oferece um arsenal de valores ético-morais que não podem ser desconsiderados, desde que o candidato ao seu estudo seja sincero.

Reconhecer, por exemplo, que a evolução moral é lenta, e, por isso mesmo, deve ser enfrentada quanto antes, constitui o passo inicial para a adoção de conduta saudável.

Como ninguém vive sem hábitos, substituir os perniciosos pelos edificantes é dever de todos aqueles que pensam e anelam pela felicidade.

Os pensamentos e os atos são flechas disparadas em direção do futuro. Eles sempre alcançam as metas e produzem os efeitos correspondentes, que retornam com a qualidade da ação que os impulsionou.

Quando um arqueiro dispara a seta, não mais a pode deter, ficando na contingência dos resultados produzidos pelo ato.

Desse modo, fazem-se imperiosas as condutas produtivas de amor e de simpatia, de edificação e de alegria.

As atitudes são como a sombra moral do indivíduo. Onde quer que esse se apresente, de imediato se lhe podem medir os valores internos pelas manifestações do seu comportamento exterior.

O arrogante, se honesto com ele próprio, logo percebe como é antipática a sua forma de apresentar-se, considerando que a sua presunção desvela somente sua ignorância em torno dos legítimos tesouros da existência.

O mentiroso constata que a sua é uma situação de constante insegurança e que pode mudar de atitude, sendo fiel à verdade, na qual experimenta a paz da consciência do dever.

É fácil, portanto, a mudança das atitudes prejudiciais para aquelas que constituem o processo de elevação moral.

Desafeiçoa-te dos hábitos antigos, daqueles que te têm constituído aflição e desar.

*Vitória sobre a depressão*

Experimenta novas maneiras de comunicação e de comportamento estruturados na honra e no bom proceder, fruindo a alegria de estar avançando no rumo da imortalidade que te aguarda em triunfo.

O que fizeres na Terra seguirá contigo Além do túmulo, essa porta que se abre na direção da vida indestrutível.

# 3

# EROTISMO

Numa cultura dedicada quase que exclusivamente ao erotismo, é natural que o hedonismo predomine nas mentes e nos corações.

Como decorrência das calamidades produzidas pelas guerras contínuas de devastação com as suas *armas inteligentes* e de destruição em massa, o desespero substituiu a confiança que havia entre as criaturas, dando lugar ao desvario de todo porte que ora toma conta da sociedade.

Sem dúvida, tem havido um grande desenvolvimento científico e tecnológico, dantes jamais sonhado, no entanto, não acompanhado pelos valores ético-morais, cada dia mais negligenciados e desrespeitados pelos indivíduos, assim como pelas nações.

A globalização, que se anunciava em trombetas como solução para os magnos problemas socioeconômicos do mundo, experimenta a grande crise, filha espúria da falência moral de muitos homens e mulheres situados na condição de executivos supremos, que regiam as finanças e os recursos de todos, naufragados por falta de dignidade, ora expungindo em cárceres os seus desmandos, deixando, porém, centenas de instituições de variado porte na falência irrecuperável...

Como efeito, o sexo tornou-se o novo deus da cultura moderna, exaltado em toda parte e elemento de destaque em todas as situações.

Enquanto enxameiam as tragédias, os crimes seriais com o suicídio imediato dos seus autores, os *multiplicadores de opinião* utilizam-se da mídia alucinada para a saturação das mentes com as notícias perversas que estimulam psicopatas à prática de hediondez que não lhes havia alcançado a mente.

Pessoas, ditas famosas, na arte, no cinema, na televisão, exibem, sem pudor, as suas chagas morais, narrando os abortos que praticaram, a autorização para a eutanásia em seres queridos que lhes obstaculizavam o gozo juvenil, a multiplicação de parceiros sexuais, os adultérios por vingança ou simplesmente por vulgaridade, os preços a que se entregam, as perversões que os caracterizam, vilipendiando os sentimentos daqueles que os veem ou leem, estarrecidos uns, com inveja outros, em lamentável comércio de degradação.

Jovens, masculinos e femininos, exibem-se no circo dos prazeres, na condição de escravos burlescos em revistas de sexo explícito ou em filmes de baixa qualidade, tornando-se ídolos da pornografia e da sensualidade doentia.

A pedofilia alcança patamares dantes nunca imaginados, graças à *Internet* que lhe abre portas ao infinito, quando pais insensatos vendem os filhinhos para o vil comércio do sexo infantojuvenil, despedaçando-lhes a meninice que vai cruelmente assassinada.

Por outro lado, a prostituição de menores é cada vez maior, porque o cansaço dos viciados exige carnes novas para os apetites selvagens que os consomem.

(...) E, porque vivem sempre entediados e sem estímulos novos, o alcoolismo, o tabagismo, a drogadição constituem o novo passo no rumo da violência, da depressão, do autocídio.

As estatísticas da loucura que toma conta do Planeta, neste momento, são alarmantes.

Vive-se, nestes tormentosos dias, a tirania do sexo em exaltação.

As dolorosas lições do passado, de religiosos que não se souberam comportar, desrespeitando os votos formulados, que desmoralizaram as propostas doutrinárias das crenças que abraçavam, o disfarce, a hipocrisia, ocultando as condutas reprocháveis, geraram tal animosidade às formulações espiritualistas, com as exceções compreensíveis, que os jovens não suportam sequer referências aos valores do espírito imortal.

Somente há interesse pelos esportes, particularmente por aqueles de natureza física, no culto apaixonado pela beleza e pela estética de que se tornam escravos por livre opção.

Num período, porém, em que uma boneca serve de modelo, em vez de haver copiado um ser humano, exigindo que cirurgias corretoras modifiquem a aparência de algumas mulheres, a fim de ficarem com as medidas do brinquedo erótico, é quase normal que haja um verdadeiro ultraje no que diz respeito aos valores reais da vida.

A desconsideração de muitos governantes em relação ao povo que estorcega na miséria faz que as favelas e os morros vomitem os seus revoltados habitantes para as periódicas ondas de *arrastão* que estarrecem.

Sucede que o bem não indo ao seu encontro, tem que enfrentar o mal que prolifera e que desce do lugar em que se homizia, buscando solução, mantendo comportamentos selvagens.

As cidades, grandes e pequenas, tornam-se praças de guerras não declaradas, porque as necessidades dos sofredores não são atendidas e alguns poderosos que governam, locupletam-se com os valores que deveriam ser destinados à educação, à saúde, ao trabalho, ao recreio dos cidadãos...

É compreensível que aumentem as estatísticas das enfermidades dilaceradoras como o câncer, a tuberculose, as cardiovasculares, a AIDS, outras sexualmente transmissíveis, as infecções hospitalares, dentre diversas, acompanhadas pelos transtornos psicológicos e psiquiátricos que demonstram o atraso em que ainda permanecem as conquistas na área da saúde, embora as suas indescritíveis realizações...

O ser humano estertora...

Em razão da falta de orientação sexual, nestes dias de disparates, a gravidez entre meninas desprevenidas aumenta de forma chocante, como fruto de experiências estimuladas pela vulgaridade, sem qualquer preparo para a maternidade, jogando nas ruas diariamente crescente número de abandonados...

Faltam programas de orientação moral, porque o momento é de prazer e de gozo, condenando a maioria dos incautos ao desespero e à ilusão.

Ainda se prolongará o reinado erótico por algum tempo, até o momento quando as divinas leis convidem os responsáveis pelo abuso ao comedimento, à reparação, encaminhando-os para mundos inferiores, onde se encontrarão sob a injunção de acerbas aflições, recordando o *pa-*

*raíso* que perderam, mas que o podem alcançar novamente após as lutas redentoras.

Especialmente nesta hora chegou à Terra o Espiritismo, a fim de convidar as criaturas desnorteadas a encontrar o rumo nos deveres éticos, restaurando a paz e a alegria real nos corações, sem a música mentirosa das sereias mitológicas...

Restaurando a palavra de Jesus, propõe uma revisão ética dos postulados do Cristianismo também ultrajado, a fim de que se revivam os comportamentos de Jesus e dos Seus primeiros discípulos, dando lugar à lídima fraternidade, à iluminação de consciências, ao serviço da caridade.

Mantém-te vigilante, a fim de que não te iludas nem enganes a ninguém, contribuindo com a tua parte, por mais modesta que seja, de modo a fazeres instalar-se a era do amor pela qual todos anelam.

# 4

# RANCOR

Essa aversão profunda, consciente ou não, que alguém experimenta contra outrem, é filha espúria do orgulho, esse dileto companheiro do egoísmo, que não admite ser desconsiderado ou sequer enfrentado nas mesmas condições.

O rancor é enfermidade moral que assinala muitos seres humanos, mantendo-os em estágio de inferioridade na escala da evolução.

Apresenta-se inesperadamente, e tende a crescer, quando não combatido de imediato, atormentando aquele que lhe padece a férrea constrição moral, com sede de desforço, de reabilitação.

Muitas vezes, aquele que o experimenta nem sequer teria qualquer motivo atual para manter a animosidade profunda em relação a outrem que mal conhece ou de cujo convívio se afastou num momento de cólera e de ressentimento.

Não havendo uma explicação lógica para sua presença na emoção, em face da falta de motivo que o justifique, ei-lo que procede de existência transata, na qual se enfrentaram os litigantes que ora se reencontram.

Os Soberanos Códigos estabelecem como impositivo básico da evolução a convivência fraternal e enriquecedora entre os seres humanos, ampliando os instintos gregários, através da qual se desenvolvem os tesouros da amizade e do amor, da bondade e do socorro recíproco. Nada obstante, enquanto predominam as heranças do primarismo, o *ego* exige consideração imerecida, autoconsiderando-se irretocável, elegendo uma postura falsa para reinar.

Qualquer ocorrência menos feliz, algum acontecimento desagradável que o atinja são suficientes para dar curso ao sentimento de rancor, que se transfere de uma para outra existência com a férvida paixão destrutiva em relação a quem passa a considerar como seu antagonista.

Reencontrando-o, reaviva-se-lhe no inconsciente profundo o acontecimento infeliz, nem sempre lúcido, ensejando-lhe a antipatia que se converte em aversão e termina como rancor.

Todos os fenômenos dessa natureza obedecem à programação divina, para que haja a recuperação do equivocado, a fim de que sejam anulados os ressentimentos mediante a convivência jovial, que apaga as mágoas mantidas.

Para que tal aconteça, no entanto, é indispensável que o seu opositor, aquele que experimenta o sentimento de rancor, faculte-lhe o relacionamento, ao invés de evitá-lo, assim transferindo-o para o futuro, numa situação menos favorável.

O egoísmo, no entanto, sempre labora em favor da própria insensatez, exigindo reconhecimento do seu valor ilusório, e quando isso pode ocorrer, fecha-se num comportamento doblez, que impede a liberação do rancor.

O orgulho humano é mácula que desmerece a beleza do diamante espiritual que se é.

Compreendesse, o viajor terrestre, conscientemente, o significado da reencarnação e das excelentes concessões que lhe oferece, com facilidade enriquecer-se-ia de bênçãos nos relacionamentos, trabalhando para a felicidade própria e a geral.

❖

Se alguém te inspira esse sentimento perverso e escuso, evita aprofundar-lhe as causas desconhecidas.

Sendo resultado de algum acontecimento atual que te amargura, concede-lhe o direito de ser infeliz e de ter errado, não acumulando os tóxicos do ódio nas tuas delicadas engrenagens mentais.

Se não consegues identificar razões para a presença desse morbo que te enferma, abre o coração ao outro que, possivelmente, também experimenta algo muito complexo no seu mundo interior e necessita de liberá-lo.

Não sejas aquele que se transforma em obstáculo ao Bem, criando situações embaraçosas que se convertem em amargura noutrem.

Abre o coração à fraternidade, e compreenderás como é possível diluir os vapores venenosos do rancor ao sol da compaixão.

Todos se equivocam, erram propositalmente ou não. Passada, porém, a ocasião, caem em si, dão-se conta do que cometeram e anelam pelo ensejo da reabilitação.

Ninguém passa incólume pelo mundo terrestre sem a dádiva do sofrimento – erro e acerto – inevitável para a conquista do conhecimento.

O programa da evolução é constituído por páginas desafiadoras para todos os níveis morais do Espírito em crescimento para Deus.

Aquele, porém, que opta para ser acusador do outro, como se fosse um raio de luz inatingível, conduz, além da soberba, o autodesconhecimento que o mantém na ignorância das Leis de Deus.

Quando alguém prefere manter o rancor em relação ao próximo, desafia o Criador, o qual procura desconhecer, olvidando-se que todos são Seus filhos, portanto, irmãos em diferentes níveis de consciência.

Quem não é possuidor de sentimento de compaixão para com aquele que delinquiu, que tombou na senda de espinhos, não é credor de misericórdia nem de auxílio, apesar das necessidades que o dominam.

O antídoto, portanto, do rancor é o perdão gentil e nobre, que une as criaturas como verdadeiras irmãs que se auxiliam pela senda libertadora.

Assim sendo, não guardes ressentimento de ninguém, de nada, evitando tornar-te responsável por esse feroz inimigo agasalhando-se em outrem.

A vida imortal expressa-se pelo berço e pelo túmulo, que transforma em portas de acesso ao corpo, entrando e saindo, sem que haja qualquer alteração na sua gloriosa estrutura.

Vive de tal forma que, ao atravessares a aduana tumular, possas despertar sem os espessos véus da ignorância obnubilando-te o discernimento ou a mente torturada pela implacável lâmina do rancor.

Amando integralmente toda a Humanidade, Jesus distendeu a mensagem de esperança e de paz em favor de todos. Traído, vendido, negado por alguns dos Seus amigos, levado ao martírio da cruz, após as dilacerações ignominiosas do suplício, manteve-se afável e terno em relação a todos, incluindo aqueles que se Lhe fizeram inimigos implacáveis, mas que não conseguiram submetê-lO.

Reflexiona bastante sobre isso, e nunca permitas no coração e na emoção a presença do vírus deletério do rancor.

# 5

# ARROGÂNCIA

A arrogância é imperfeição moral que trabalha em detrimento do processo de libertação dos instintos agressivos e asselvajados, que remanescem em a criatura humana, mantendo-a em estágio primário de conquistas espirituais.

A arrogância torna o indivíduo insolente e atrevido, a ponto de permitir-se negar a existência de Deus, numa reação infantil contra a Progenitura Divina.

Supondo-se erradamente o centro do Universo, o seu egocentrismo cilicia-o de maneira contínua, por não encontrar semelhantes no convívio humano, vendo-se impulsionado a estranhas condutas emocionais, ora isolando-se do grupo social, assim como em momentos outros agredindo e desrespeitando os direitos alheios.

O arrogante é alguém que perdeu o endereço de si mesmo e movimenta-se em estreito círculo de reflexões presunçosas, ferindo os demais e ferindo-se com tenacidade e de contínuo.

O seu culto à personalidade é tão desmedido que não se permite aceitar opiniões que pareçam divergir da sua, entronizando-se na vacuidade dos seus propósitos mesquinhos, porque soberbos.

Fazendo questão de ser temido e não amado, é fátuo, apresentando-se com empáfia, porém fácil de ser vitimado pela própria presunção, qual um balão dilatado que estoura ao contato de qualquer objeto pontiagudo.

Quando se dá conta do pouco valor que os demais lhe atribuem, atormenta-se, ruminando sentimentos de vingança e de malquerença que mais o afligem.

A presunção pode ser considerada enfermidade do caráter, que o consome sem parar, roubando-lhe as energias, enquanto se impõe de maneira férrea, ignorando o conceito em que é tido pelo grupo social e desejando auferir reconhecimento e homenagens que nunca lhe chegam por falta de merecimento.

Infelizmente, nem todos se dão conta do comportamento ridículo e ultrapassado que assumem, sendo motivo de ácidas críticas e zombarias, embora mantendo a bazófia a que se agarram.

Somente o buril do sofrimento é capaz de romper o envoltório resistente no qual se encontra, desvelando o ser frágil e necessitado de carinho, que nunca se permitiu oferecê-lo a outrem, porque nunca concedeu a si mesmo.

Em consequência, as suas são dores muito severas, porque estiolam as ilusões interiores, derruindo as construções emocionais soberbas que erigiram para ocultar-se, necessitando de adaptar-se à compreensão do seu próximo e à necessária renovação interna.

Quem observe o arrogante, sem as lentes da compaixão, sente-se ultrajado pela maneira como é visto por ele, que nem sequer digna-se de manter um contato saudável e amigo, conservando-se em aparente superioridade, no que se compraz.

A arrogância de hoje tem as suas raízes em comportamentos tirânicos do passado, quando o Espírito enlouqueceu no poder, despedaçando vidas e impondo as suas paixões perversas.

Como ninguém se exime ao movimento contínuo da roda do tempo, todos são surpreendidos, hoje ou no futuro, pela realidade que os coloca nos lugares que lhes correspondem durante a vilegiatura orgânica.

O indivíduo presunçoso acredita na sua autossuficiência e, mesmo quando se permite relacionamentos sociais, afetivos, comerciais, normalmente se mantém isolado no seu mundo de irrealidades.

Indiferente aos fenômenos da vida, não se permite as reflexões em torno do Criador nem da Sua criação, fechando-se em atitude niilista, assim resolvendo todas as questões cósmicas, reduzindo-as a fenômenos do acaso.

Pudesse romper a petulância, por um momento, e examinar uma delicada flor do campo, utilizando-se de um microscópio para bem penetrar-lhe a grandeza miniaturizada e, certamente, deslumbrar-se-ia com a *magia* da sua elaboração, alcançando mesmo o reino do infinitamente pequeno...

(...) E se olhasse com respeito um arquipélago de astros, imaginando o seu surgimento da poeira cósmica em infinitas variações, superando tudo quanto a imaginação pode elaborar, seria tentado a viajar um pouco pelo macrocosmo, no turbilhão das galáxias impenetráveis, curvando-se ante a majestade do Sublime Dispensador.

Até onde o seu olhar alcançasse constataria a presença da ordem, de um programa, de leis de harmonia, de um projeto inconcebível para a mente humana com destinação adrede elaborada...

Inevitavelmente descobriria a sua mísera pequenez e insignificância que, no entanto, assumiria superior significado, porque nada existe no Universo que esteja em posição de inferioridade, como ocorre num concerto sinfônico, especialmente nesse regido pelo Onipotente Compositor.

Desacostumado, porém, à análise em torno da vida e das suas equações, permanece com os sentimentos enregelados até o momento quando a dor o alcança e rompe-lhe o mármore em cujo interior se encastela, facultando-lhe os primeiros lampejos de lucidez e anelos de felicidade.

Caso desencarne mantendo essa postura mental e emocional, despertará em álgida região de abandono, visitada pelas forças ignotas da Natureza ainda em desvario, chibateado pelas tormentas incontroláveis.

Passado algum tempo, sentir-se-á arrastado pelo tropel de outros infelizes que se aglutinam nas regiões moralmente inferiores do planeta, estorcegando na mesma fúria e padecimento, até quando a Misericórdia ilimitada do Amor os alcança, reconduzindo-os à reencarnação compassiva.

Retornam em corpos ultrajados por limites impostos pelo seu orgulho, apresentando distúrbios mentais profundos, embora a consciência de culpa continue vilipendiando-os e acicatando-os, por cujo meio diluem as poderosas fixações mentais que a arrogância lhes *cimentou*.

Quando defrontes alguém vitimado pela enfermidade moral da presunção, considera que se trata de um trânsfuga da consciência do dever, que se oculta na aparência soberba, sem coragem para o autoenfrentamento.

Não te deixes inspirar antipatia, em face da atitude extravagante e alucinada, recordando-te de que se trata de um Espírito sofrido enjaulado na petulância do vazio existencial, sem rumo nem amigos.

Sendo-te possível, direciona-lhe uma vibração de cordialidade e de compaixão que o alcançará, diminuindo-lhe as defesas em que se apoia, para permanecer inatingível.

Ante a circunstância penosa, agradece a Deus a simplicidade do teu coração e a pobreza das tuas ambições, embora rico de esperança e de alegria de viver conforme te encontras.

# 6

# DESAFIOS DA VIDA

Toda existência humana obedece a uma planificação cuidadosa, mediante a qual acrisola os sentimentos que se ampliam, facultando à inteligência penetrar na indefectível *Lei de Causa e Efeito.*

*Semente* preciosa que é o Espírito na sua jornada evolutiva, necessita dos fatores mesológicos do planeta terrestre para desenvolver as potências que lhe jazem adormecidas, a fim de que alcancem a meta que a aguarda.

Esse *deus interno,* momentaneamente abroquelado no cerne do ser, expande-se e liberta-se por meio dos enfrentamentos impostos pelos fenômenos da vida.

À medida que evolve o Espírito, mais sente o anseio de crescimento por meio do qual adquire sabedoria, na síntese do amor e do conhecimento de que se exorna.

Somente através dos desafios é que as experiências se apresentam valiosas, significativas, porque cada um deles transforma-se em impedimento que foi transposto, favorecendo com mais expressiva conquista.

Em face da própria estrutura organizacional do corpo, moléculas aglutinadas que se substituem continuamente, nele se encontram incontáveis enfrentamentos que devem ser superados, e, às vezes, se expressam como enfermidades, resultados da invasão microbiana perniciosa, do desgaste natural do conjunto, ou dos limites impostos pelo renascimento como forma de resgate.

Sob outro aspecto, apresentam-se também com natureza psicológica, em forma de conflitos e dores morais, proporcionando reflexões a respeito da fragilidade que reveste o ser humano, quando não acicatado por outros de ordem psíquica.

O processo de desenvolvimento moral é lento e complexo, expressando-se, também, através dos relacionamentos afetivos, sociais, comerciais, nem sempre coroados de bênçãos, que facultam experiências amargas, mas proveitosas, quando ensinam equilíbrio e harmonia espiritual.

Ninguém deve aspirar por tranquilidade antes de conseguir valores que a proporcionem, sendo natural que as dificuldades caminhem ao lado das conquistas evolutivas, num mesmo esquema de aprendizagem.

Toda marcha, por si mesma, impõe esforço, obediência ao programa, paciência para vencer os trechos a percorrer.

Naquela que diz respeito à conquista dos tributos espirituais, mais complexos e variados são os testes que se encontram à frente, não raro surgindo de surpresa, em atitude conflitiva com os sentimentos dos jornadeiros.

Quanto mais alto é o acesso de subida, naturalmente mais pesado é o ônus do embate.

Quem, por acaso, nega-se ao avanço evolutivo, permanece na retaguarda ou enrodilhado nos cipós da imprevidência e da preguiça.

Todos os cimos são formosos e de atmosfera rarefeita, pura, oferecendo a visão de paisagens inimagináveis.

O mesmo ocorre com os de natureza espiritual, cujos píncaros luminosos aguardam a chegada dos que ousam e lutam.

Não temas os desafios que te oferecem os recursos para o desenvolvimento das faculdades adormecidas.

A ave que se recusa a voar aos primeiros momentos fica impossibilitada de acompanhar o bando na busca da iridescente primavera.

Empenha-te com valor e aceita os empreendimentos que te causam cansaço e te afligem, porque são eles que te fortalecerão o caráter e sutilizarão os teus sentimentos.

Graças à sua ocorrência, compreenderás a Sabedoria Divina, que a todos proporciona o autocrescimento, a conquista de si mesmo, a superação dos vícios que remanescem das experiências infelizes, a descoberta da alegria e as bênçãos da saúde.

O Excelso Pai oferece aos filhos em crescimento as opções mais compatíveis com os seus níveis de consciência espiritual, granjeando mais relevantes significados evolutivos.

Nunca, porém, sobrecarrega aqueles a quem ama, antes os favorece com o indispensável para a própria vitória.

Jamais recalcitres ante as vicissitudes, em razão dos desafios evolutivos que te dizem respeito e que deves ultrapassar.

Cada passo dado adiante representa uma vitória sobre os próprios limites, facultando mais amplas aquisições iluminativas.

Como sabes que a vida não se restringe ao breve espaço entre o berço e o túmulo, deves acumular os tesouros inalienáveis para o prosseguimento da vida além do corpo, nessa intérmina viagem da evolução.

O grande equívoco humano, entretanto, encontra-se na visão atrofiada em torno da sua realidade, exclusivamente relativa ao périplo carnal, que tem brevíssima duração, e que corresponde às necessidades de aquisição do Bem.

Pensando na imortalidade, estímulos saudáveis inundam o ser, emulando-o ao incessante prosseguir, com o consequente deslumbramento de quem sabe que alcançará o Infinito.

Quando a floresta cresce, há um grande silêncio em torno, enquanto tombando alguma árvore, ouve-se o ruído que chama a atenção.

Esse fenômeno equivale ao sublime procedimento da aquisição do conhecimento e do amor, em grande silêncio, enquanto os desastres que resultam dos desafios não aceitos ou complicados, sempre produzem desequilíbrio e atordoamento.

Os ruídos do sofrimento também fazem parte da existência humana, facultando a cada qual a conquista de si mesmo ante os impositivos das imperfeições que se demoram no íntimo, requerendo iluminação e liberdade.

Não havendo desafio pela estrada do progresso, igualmente não existem possibilidades de autoconhecimento e de alorrealizações santificantes.

A árvore que se nega à tempestade não enrijece o tronco, da mesma forma que os metais que se recusam às altas temperaturas, na umidade são devorados pela ferrugem e a oxidação.

*Vitória sobre a depressão*

Tudo são lutas poderosas que forjam o herói e santificam o ser humano, arrancando-lhe os elos grosseiros que o prendem à retaguarda de onde procede, transformando-os em asas siderais que o alçam às celestes moradas.

O *Reino dos Céus* está reservado somente àqueles que se sacrificam e se lhe tornam dignos de conquistá-lo.

# 7

# ABNEGAÇÃO

Lucigênito, o ser humano possui em germe a tendência para a abnegação, esse devotamento fraternal e sacrificial em favor de um ideal enobrecido ou de outra criatura.

Sentimento relevante, exterioriza-se, a rigor, em todos os atos morais, pela maneira como se conduz o indivíduo, que sempre aspira ao bom e ao mais saudável para todos, envidando esforços para que se consumem esses anelos de beleza e de harmonia.

A abnegação é filha dileta do amor que se desdobra em serviço, facultando o crescimento íntimo daquele que o cultiva.

Quando se instala na conduta, deixa de ser sacrifício, para constituir-se um prazer altruísta que enriquece o seu agente, estimulando-o ao incessante prosseguimento, onde quer que se encontre.

Nunca se exibe, nem se permite a exaltação que o evidencia como comportamento de qualidade superior que chama a atenção.

É discreta e afável, nunca se permitindo embaraçar o beneficiário com o seu devotamento, mas antes caminhando ao seu lado na condição de apoio fraternal.

A sociedade dignifica-se cada vez que a abnegação se apresenta no contexto dos comportamentos que lhe dizem respeito, porquanto demonstra que a fatalidade do progresso é impostergável.

Felizmente, o número de pessoas abnegadas no orbe terrestre é muito grande, ampliando os horizontes da esperança e dignificando o processo de desenvolvimento ético--moral, graças ao qual as lutas se transformam em degraus de acesso superior ao Amor Inefável de Deus.

Enquanto campeiam o egoísmo e a perversidade, ceifando incontável número de vidas, em demonstração de primitivismo aplaudido pela alucinação momentânea, milhões de Espíritos nobres silenciosamente instalam os padrões da abnegação e do devotamento nas paisagens virgens dos corações que amam e aspiram pela conquista da felicidade sem jaça.

Chamando a atenção, a vulgaridade e o crime dão ideia de que o dever e a harmonia moral das criaturas encontram-se muito distantes da realidade, constituindo-se uma verdadeira utopia a expectativa de vê-los dirigindo as mentes e os corações no rumo do equilíbrio.

Jamais, no entanto, houve na Terra tantos Espíritos abnegados, que se empenham na construção dos objetivos relevantes a que se propõem como ocorre na atualidade.

Há exemplos engrandecedores de mártires, de heróis e de santos da abnegação, vivenciando, nestes momentos, a entrega total a Jesus, qual fizeram Francisco de Assis, Vicente de Paulo, Teresa d'Ávila, Mohandas Gandhi, Madre Teresa de Calcutá e incontáveis servidores do Bem.

❖

Também encontramos esses missionários da abnegação em todas as áreas do comportamento humano: na Ciência, na Filosofia, na Política, na Economia, na Arte, nos relacionamentos, demonstrando a inevitável ascensão moral do Espírito.

Cientistas abnegados aplicam a juventude em experiências grandiosas, na busca de solução para os magnos problemas humanos, conseguindo modificar as estruturas então vigentes e abrindo espaços irisados de luz e de bênçãos, proporcionando alegria de viver e valiosos contributos para a mudança das dolorosas situações.

Pensadores sábios permanecem fiéis aos seus paradigmas de enobrecimento, sorvendo amargura e desencanto, em face do conteúdo superior de que são portadoras as suas mensagens, enquanto triunfam a vulgaridade e a mesquinhez, demonstrando a confiança irrestrita nas propostas que libertam da ignorância e promiscuidade moral, lecionando beleza às gerações novas.

Religiosos ilustres confundem-se com o povo nos labores da solidariedade, transformando a religião em ferramenta de socorro em vez de formulações teóricas e dogmas proibitivos, auxiliando no crescimento espiritual das massas.

Executivos experientes colaboram com equipes especializadas, buscando soluções para as crises que irrompem com frequência, minorando o sofrimento dos membros das empresas em que trabalham.

Artistas imbuídos do ideal de beleza entregam-se a espetáculos de enriquecimento intelectual e emocional, acreditando que é possível a mudança das atuais penosas situações terrenas, mantendo o encantamento e a alegria dos grupos sociais.

Políticos honestos, que existem, são fiéis aos propósitos que os levaram aos altos postos administrativos das comunidades, embora malsinados e combatidos, insistem em manter os comportamentos ilibados, tornando-se exemplos respeitáveis para aqueles que os elegeram.

Companheiros de jornada terrena trabalham com afinco as consciências aturdidas, buscando esclarecê-las, em atestados de inequívoca honradez, demonstrando confiança no futuro, embora o presente assinalado pelos transtornos morais de alta gravidade.

Os abnegados estão em toda parte, como mensageiros resolutos do amor e da caridade, ampliando as áreas de ação para os *excluídos* e os inconformados com a situação vigente, sem receberem compreensão nem ajuda de outros coetâneos.

Vinculados, todos eles, ao dever de transformar o mundo, mediante renhidas lutas, perseveram nos objetivos relevantes, constituindo as falanges do progresso em constante labor de dignificação da Humanidade.

Nunca se cansam, nem se queixam, quando não colhem o resultado imediato dos seus esforços, mantendo a alegria de viver e de prosseguir teimosamente abraçados ao ministério da solidariedade.

Enquanto viger a abnegação entre as criaturas humanas, a esperança permanecerá conduzindo as mentes e os corações no rumo do bem-estar, mesmo que percorrendo caminhos ásperos e de difícil acesso.

A abnegação é de inspiração divina que nunca cessa de servir.

*Vitória sobre a depressão*

Quando te seja possível, envolve-te na abnegação e age sob o seu influxo, tendo a certeza de que a saúde integral fará parte da tua agenda de realizações pessoais no trânsito da evolução, sem qualquer possibilidade de transtorno depressivo.

# 8

# HEROÍSMO SEM-NOME

Os Espíritos missionários descem à Terra periodicamente, com a inapreciável tarefa de disseminar a verdade, na condição de vanguardeiros do progresso e da iluminação de consciências.

Dotados de inexcedíveis valores do sentimento e do conhecimento, mergulham nas vestes carnais, arrostando dificuldades e entregando-se ao ministério com tranquilidade.

São estrelas fulgurantes em a noite escura das paixões, e o seu périplo orgânico, raramente compreendido, torna-se um luzeiro de bênçãos para a Humanidade.

Invariavelmente incompreendidos, produzem esperança e alegria onde se encontram, ampliando os horizontes do pensamento e da conduta humana de forma que se instalem novos conceitos em torno do amor e da bondade, quase desaparecidos nos relacionamentos da atualidade.

Comprometidos com os postulados a que se afeiçoam, compreendem que a sua entrega pessoal é o caminho único para a construção da mentalidade edificante, que passa a vigorar, a princípio penosamente, nos reduzidos grupos que se identificam com os seus ensinamentos, crescendo, a pouco e pouco, até atingirem a sublime finalidade de que se revestem.

Convidados, não poucas vezes, ao testemunho grandiloquente, elegem o silêncio e o sacrifício como instrumentos de comprovação dos ideais de que se fazem portadores, mais sensibilizando aqueles que anelam pelo mundo de bênçãos, irritando os seus gratuitos perseguidores.

Não mantendo as ambições convencionais dos ilusórios triunfos terrestres, são imbatíveis nas crenças e serviços a que se afervoram, tornando-se exemplos de força e de coragem, que estimulam as demais criaturas a abraçar os postulados que divulgam.

Ninguém lhes conhece as renúncias, em razão de jamais as alardearem, nem se dá conta dos seus sofrimentos profundos, assim como das suas preocupações permanentes, porque nunca se queixam, a todos considerando irmãos necessitados, que se alimentam do seu exemplo e da sua ação benéfica, a fim de não soçobrarem nos pélagos vorazes dos mares existenciais.

Sabem que o seu labor é constituído de percalços e problemas, porquanto têm como finalidade modificar o pensamento vigente, facultando a visão elevada em torno da vida e dos seus fundamentos, de forma que o sofrimento e toda a hediondez então vigentes, cedam lugar ao anelado período de paz e de fraternidade.

Profundamente vinculados aos mentores espirituais, obedecem-lhes o comando sutil e nobre, empenhados no compromisso, sem pausa para os decantados prazeres sensoriais, nem aplicação indevida que o tempo faculta, nas frivolidades e descaminhos do mundo convencional.

A sua existência propicia bem-estar, porque a psicosfera ambiental é por eles afetada de maneira positiva, gerando o clima de equilíbrio necessário à edificação humana.

Representam o psiquismo cósmico ao alcance dos transeuntes físicos, de tal forma, que sempre experimentem alegria de viver e de lutar.

Eles, os nobres missionários do bem, encontram-se em toda parte, nas diferentes áreas da beleza e do conhecimento, da fé religiosa e da investigação científica, em nome do Dispensador de dádivas, de modo a transformar a Terra numa escola de iluminação e de experiências superiores conforme deve ser.

Realizam jubilosos o heroísmo sem-nome da vera fraternidade.

A sua presença atenua os dissabores, esbate as trevas da ignorância, proporciona confiança, porque estão incumbidos de restaurar o poema da caridade cantado por Jesus nas inolvidáveis bem-aventuranças, e por Ele vividos em toda a Sua trajetória sacrificial.

Pacientes e ternos, são dóceis à comunhão que deve existir entre todas as criaturas.

Perseverantes e gentis, não se exasperam quando os resultados dos seus esforços não se coroam de êxito, porque compreendem que o tempo é o grande benfeitor de todos, logrando realizar no futuro o que hoje apenas se esboça.

Tranquilos e ardentes, são amorosos e confiantes, mas convictos do quanto devem realizar, nunca cedendo às insinuações do mal ou da sombra.

Investem todos os haveres, que por acaso possuam, na execução da obra, jamais retirando quaisquer benefícios das aplicações feitas, dando a impressão de não haverem realizado nada digno de destaque.

Quando incompreendidos, como normalmente sucede, não esmorecem, antes mais se afervoram, porque dão-se conta do imenso atraso em que estagiam aqueles para cujo bem vieram, transformando espinhos de ingratidão em flores de esperança e bastões de sustentação emocional.

Facilmente podes identificá-los pelo odor de amizade espontânea, pela irradiação das claridades diamantinas do Senhor, de que são portadores.

Busca-os e ajuda-os com a tua cordialidade, ouvindo-os com respeito e meditando em torno dos seus ensinamentos.

Transforma-te em parceiro do seu ideal, oferecendo-lhes afeição sincera para abastecê-los nos períodos de estio moral, quando as dificuldades apresentam-se mais desafiadoras.

Procura impregnar-te da serenidade que vivem, a fim de experimentares o incomum prazer da solidariedade sem jaça.

Nunca foram tão necessários, quanto nestes dias de glórias e de desolação, de conquistas superlativas e de vazio existencial, de júbilos ilusórios e de graves desencantos emocionais.

Enviados pela Providência Divina ao mundo conturbado, são os construtores do amanhã, que estão colocando os alicerces dos tempos melhores que virão.

Aprenderás com eles as lições de misericórdia e de afabilidade que te faltam no momento, a fim de que, delas possuidor, sintas a ímpar alegria da saúde integral, da autorrealização, mesmo que permaneças em combate contínuo contra as forças desagregadoras do mundo íntimo em contínuo litígio...

Esses teus irmãos, cujas luzes fazem lembrar um arco-íris, são embaixadores do Amor para dar notícias da imortalidade, na qual te encontras mergulhado, oferecendo subsídios para os enfrentamentos, ferramentas de bondade para os embates e encorajamento para a vitória inevitável sobre todas as conjunturas afligentes.

Ouve-os com enternecimento e deixa-te conduzir pelas suas vozes, sem que se faça necessário o abandono do teu livre-arbítrio, certo de que, mesmo antes da desencarnação, experimentarás o inebriante júbilo que deflui do coração tranquilo pelos atos corretos praticados durante a existência.

# 9

# VIAGEM AO EXÍLIO

Não fosse a Terra abençoada escola de almas, onde a Divindade oferece tesouros de valor incalculável aos seus aprendizes, e poderia ser considerada uma região de exílio, na qual se auferem os recursos para o desenvolvimento espiritual indispensável para a glorificação imortal.

Para os Espíritos nobres que formam as falanges de luz da Erraticidade, o mergulho nas sombras densas do planeta representa uma viagem de alto significado a um país de degredo, no qual o primarismo predomina e as lutas lamentáveis entre as criaturas são o clima normal e ambiental.

Eles, no entanto, acostumados às excelentes regiões onde não mais existe a dor, nas quais as harmonias siderais constituem um poema de indescritível sonoridade permanente e as paisagens são iluminadas por tonalidades opalinas de incomum variedade, renunciando aos afetos de sabor eterno com os quais convivem, às aspirações de infinitude, fazem parte do esquema da afetividade, vindo ao mundo de sombras para conduzir os calcetas encarcerados nas hórridas prisões da carne, a fim de os libertar.

Voluntários do amor, compreendem que sua felicidade faz parte do esquema de devotamento aos amargurados trânsfugas dos deveres, que optaram pelo retardamento na estrada do progresso, incapazes, por enquanto, de aspirar à perfeição relativa que lhes está destinada, porque enredados nas paixões primitivas, nelas se comprazem.

Munidos de extrema paciência, convertem-se em anjos tutelares dos rebeldes, buscando arrancá-los dos pauis de sofrimento a que se arrojaram, orientando-os quanto aos meios de se afastarem dos labirintos tormentosos, utilizando da oração e da misericórdia para com as suas vítimas e algozes, lobrigando a renovação interior e a esperança de felicidade.

Muitas vezes, não reconhecidos pelos déspotas, e mesmo recusados, insistem suavemente, sem desrespeito às leis de justiça, em devotamento às de misericórdia, para que se desintoxiquem dos vapores morbíficos dos pensamentos e dos hábitos doentios, experimentando o oxigênio saudável da paz e da alegria que a todos está reservado pelo Prodigalizador de mercês.

Caminhando pelos sítios de exílio punitivo, sofrem as condições ambientais, experimentando o pesado fardo das circunstâncias morais do planeta, de que já se haviam libertado, em sublimes testemunhos de amor e de caridade.

À semelhança de sois rutilantes, diminuem a potência da sua luminosidade, para não humilhar os sentenciados à escuridão, que a preferiram às claridades diamantinas da fraternidade que lhes estavam ao alcance.

Não fossem os seus testemunhos de abnegação e de entrega, nesses hórridos ambientes gerados pelas mentes perversas e mantidos pelas promíscuas, ali não luziriam a compaixão nem a esperança, qual antevira Dante Alighieri, na entrada do inferno, na sua Divina Comédia.

De outra forma, esses infelizes habitantes das regiões de indescritível horror, são também filhos de Deus, que se arrojaram ao infortúnio, após repetirem muitas vezes os mesmos desatinos, enquanto dominados pela selvageria e hediondez.

Tomaram conhecimento das lições libertadoras do Mestre Jesus de Nazaré, chegaram mesmo a vincular-se a alguma das incontáveis escolas de fé, mas preferiram o mundo enganoso e suas oferendas mentirosas às esplêndidas concessões da paz derivada dos deveres rigorosamente atendidos, tendo como projeto a ventura plena.

Negociaram com moedas vis a verdade e a honradez, malsinando as vidas que se lhes entregaram confiantes, enquanto esbanjavam a mentira e a sedição, preconizando a concórdia e a paz.

Ultrajaram-se, pelo abuso das energias genésicas nos pastos do prazer sensual, sem nenhum respeito pelas suas elevadas funções. Aplicaram o rigor das leis contra os outros, enquanto delas se utilizavam para apoiar-se no crime, na insolência, na crueldade.

Converteram os programas de iluminação em roteiros de sombra, assim como em destruição as lições de solidariedade.

Até onde vão a astúcia e a ausência de sentimentos do Espírito que se apega às formas físicas, às sensações, aos engodos da matéria, em detrimento dos complexos deveres para com a sua realidade?!

Afundaram-se na ignorância, e nela permaneceram por exclusiva e pessoal vontade, enredando-se em crimes ignominiosos para atender ao egoísmo insano e ao louco desejo de gozo que sempre se acaba. Não souberam reflexionar em torno das promessas espirituais que lhes acenavam bem-estar incomum, vitórias sobre os fracassos, experiências iluminativas, caso se houvessem resolvido por alguma renúncia e pelo devotamento ao Bem.

Embora houvessem chegado à Terra, anteriormente, procedentes do Mundo espiritual, facultaram-se olvidar as atividades experienciadas antes do corpo, encharcando-se da matéria e negando-as.

Por isso mesmo não se detiveram a recordar as vivências no mundo das causas, somente fruindo os efeitos chocantes e grosseiros de efêmera duração, quando tudo lhes propunha imortalidade, afeições indestrutíveis, belezas transcendentais...

Naturalmente, deixando de lado quaisquer possibilidades de realização interior, conquistaram coisas, dominaram regiões, manipularam vidas que lhes padeciam nas garras da impiedade, mas sucumbiram também ao inevitável fenômeno orgânico da morte, despertando em excruciante situação nas regiões pungitivas em que se encontram.

Tiveram várias chances de elevação, mas não lhes concederam o valor nem a atenção que lhes exigiam. Então sucumbiram ao desespero que impunham aos outros e que, por efeito natural, ora os assalta.

Não somente se encontram nas regiões espirituais esses exilados, mas também nas expiações severas e causticantes, nas quais o buril da dor modifica-lhes as arestas morais e o calor intenso das lavas ardentes e contínuas do vulcão do desespero que lhes propicia a diluição dos metais endurecidos do orgulho e da presunção.

*Vitória sobre a depressão*

À semelhança de Jesus, que desceu ao vale do sofrimento, após a ressurreição, a fim de resgatar Judas da própria insânia e facultar-lhe nova oportunidade, esses mensageiros da caridade, que ascenderam aos páramos da luz, renunciam, momentaneamente, à ventura que merecem, a fim de ajudar os náufragos da retaguarda, que suplicam socorro sem dar-se conta.

Em exílio, mantém-te vigilante em relação ao Amor, e procura evitar os compromissos desgastantes e tenebrosos do mundo dourado, avançando, por enquanto, por caminhos penumbrosos, mas com o coração e a mente elevados à Eterna Luz, que um dia te alcançará.

# 10

# VIDA E MORTE

Narra-se que o príncipe Siddhartha Gautama, após ter-se iluminado, oportunamente interrogou os seus discípulos, indagando qual era o oposto de morte, e eles responderam que era vida.

Após reflexionar por momentos, o nobre mestre redarguiu, tranquilo, que o inverso de morte é renascimento, porquanto sempre se está na vida, quer se deambule através do corpo físico ou fora dele.

Em realidade, a vida biológica, em face da organização molecular que se desestrutura, experimenta, inevitavelmente, a sua desagregação, quando ocorre o fenômeno da morte, que libera do casulo em que se enclausura o Espírito imortal.

Viajor do tempo e do espaço, o Espírito singra os oceanos de energia, *energia pensante* que é, vestindo-se, despindo-se e revestindo-se de matéria orgânica para o ministério da evolução, em cujo curso se encontra inscrito.

A vida, no entanto, desde quando criada por Deus, jamais se extingue, alterando-se constantemente de expressão de acordo com os instrumentos de que se utiliza, até lograr o estado de plenitude ou alcançar o *Reino dos Céus.*

A inevitabilidade da morte biológica deve constituir grave quesito de fundamental importância nas reflexões de todas as criaturas, tendo em vista o momento que será por ela alcançado inapelavelmente.

A depender das circunstâncias e dos fatores que a desencadeiam, a morte foi transformada em tabu, como se constituísse uma verdadeira desgraça, quando é simplesmente uma porta que se abre na direção da Realidade...

A conscientização da transitoriedade do corpo somático, elaborado pelo Divino Amor para servir de *solo fértil* para a fecundação e desenvolvimento dos atributos adormecidos no Espírito, representa conquista valiosa para a harmonia do ser durante a aprendizagem terrestre.

Mediante o respeito que deve ser dedicado à estrutura orgânica, faculta-se-lhe uma existência de equilíbrio ou de desar, que lhe proporciona libertação fácil ou demorada, conforme a maneira como se haja dela utilizado.

Assim sendo, a morte não significa o fim da vida, mas a bênção do renascimento em outra dimensão estuante de vibração e de progresso.

Não fora assim e todo o projeto e realização do ser humano perderia o seu significado grandioso, quando a desoxigenação cerebral anulasse as contínuas transformações celulares.

O ser humano tem como destino a conquista do Infinito, e esse logro não pode ser alcançado em apenas uma etapa, considerando-se a incontável pluralidade de constelações de galáxias que o Pai criou para servir de moradas para os Seus filhos...

O sentido psicológico do existir igualmente ficaria afetado, em face do ínfimo espaço entre berço e túmulo, prelúdio do aniquilamento da inteligência e da razão, tendo-se em vista a eternidade...

Morte, portanto, é renascimento, sono momentâneo que faculta o despertar em novo campo vibratório.

Aqueles seres queridos que morreram em realidade não se consumiram, conforme estabelecem algumas correntes do materialismo, anulando a grandeza da vida. Eles vivem e esperam por ti, acompanhando-te por enquanto e auxiliando-te na aquisição dos tesouros imarcescíveis das virtudes espirituais.

Eles abroquelam os seres queridos, tendo a visão ampliada em torno da realidade que ora defrontam, e gostariam que fosse alcançada pelos afetos que ficaram na retaguarda.

Por essa razão, encorajam-lhes durante as provações, oferecem-lhes braços amigos e inspiração contínua para que permaneçam em paz, embora o rugir das borrascas perigosas que desabam sobre suas existências com certa frequência...

Mas nem todos são felizes, como se pode facilmente compreender.

Cada um desperta, conservando os valores com os quais adormeceu.

Todos os títulos de mérito ou de demérito permanecem válidos para aquele que os conduz durante a jornada carnal ou após o seu decesso tumular.

Desse modo, os Espíritos venturosos de hoje são aqueles que ontem se empenharam no culto dos deveres elevados, que transformaram a existência em formoso educandário, no qual abrilhantaram a inteligência enterneceram o coração, transformando-se em sinfonia viva de amor.

Aqueloutros, porém, que da existência terrestre somente cultivaram os sentimentos negativos, atados às paixões nefastas, profundamente vinculados aos vícios, com dificuldade separam-se dos despojos em degradação, dando prosseguimento à alucinação em que se compraziam.

São infelizes e infelicitadores, porquanto se acercam das criaturas que vibram no seu mesmo diapasão, inspirando-lhes ideias perturbadoras, intoxicando-as com os seus fluidos deletérios, induzindo-as a situações deploráveis e submetendo-as, muitas vezes, aos seus caprichos infelizes...

Ignorantes dos recursos de elevação ou renegando-os, jazem no cárcere da própria insânia, prolongando os padecimentos que os visitaram antes da desencarnação e que lhes estiolam a alegria e a esperança...

Não ficam, porém, eternamente nesse estado de mesquinhez e aflição, porque a Misericórdia do Pai os busca, recambiando-os aos renascimentos expiatórios através dos quais se depuram e se renovam.

A morte, portanto, não deve ser considerada como a desventurada ocorrência da vida, mas sim, como a desveladora da realidade espiritual, na qual todos se encontram mergulhados.

Por isso mesmo, morrer não é conquistar a ventura excelsa, caso não se tenham entesourado antes os seus pródromos em forma de amor, abnegação e vivência digna durante a jornada terrestre.

Cada criatura, portanto, morre conforme vive, e desperta consoante morreu.

❖

*Vitória sobre a depressão*

Não esperes milagres da desencarnação, cujo objetivo é conduzir ao Grande Lar o aprendiz que viajou antes na direção do educandário terrestre, onde se deve ter aprimorado e crescido moralmente.

Cultiva o pensamento em torno da desencarnação como bênção que um dia te alcançará, e não te permitas temê-la.

Recorda aqueles que se apartaram fisicamente de ti, mas que não te abandonaram, procurando senti-los, captar-lhes os pensamentos e as emoções, quando felizes, e, se porventura lhes perceberes as aflições, envolve-os em dúlcidas vibrações de amor e de ternura mediante a sublime emanação da prece, que lhes fará um grande bem.

# 11

# INFLUENCIAÇÕES

Em razão das heranças ancestrais, mantém o Espírito vínculos com as tendências perturbadoras que, com mais facilidade, desabrocham no seu mundo interior, inspirando-lhe condutas agressivas e enfermiças, do que aquelas que seriam as ideais para o seu comportamento.

As impressões fortes dos estágios primários de tal maneira se lhe fixaram que a qualquer estímulo ressumam, apresentando-se dominadoras.

Graças ao processo de afinidades emocionais, portanto, de natureza vibratória, os indivíduos de caráter semelhante mais facilmente se aproximam, mantendo intercâmbio contínuo, influenciando-se reciprocamente.

Não raro, os hábitos doentios que assinalaram as reencarnações anteriores se expressam, restabelecendo os liames emocionais com as condutas infelizes anteriormente mantidas.

Não é estranhável que pessoas renascidas em lares dignos, abençoadas por afetos profundos, recebendo o saudável licor dos conhecimentos nobres e dos exemplos edificantes, afastem-se dessa convivência sadia para homiziar-se em redutos de sombra, com pessoas cavilosas e más, identificando-se prazerosamente com os seus costumes hediondos, destrutivos...

Influenciando-se reciprocamente, esses Espíritos que procedem das mesmas áreas de perversidade, formam grupos de delinquentes que se organizam para dificultar a marcha do progresso, como se fossem portadores das forças de Hércules, tornando-se invencíveis.

Tanto permanecem na Terra, envergando as vestes carnais, quanto na Erraticidade, de onde planejam os malefícios que pretendem infligir às criaturas humanas.

De alguma forma, trata-se de um fenômeno histórico-sociológico, porque assim procederam desde priscas eras, o que deu origem à conceituação dos seres maus, nas teologias derivadas do Cristianismo, tais como as figurações dos seres demoníacos.

Por outro lado, os seres afetuosos que se identificam nos compromissos da edificação do amor e da caridade na Terra, aproximam-se, formando equipes de trabalho elevado, mediante o qual promovem a sociedade aos píncaros da glória.

Sacrificando-se espontaneamente pelo bem do próximo, transformam-se em numes tutelares totalmente devotados ao ministério da edificação portentosa da verdade nas mentes e nos corações.

São imbatíveis, porque as suas forças são sustentadas pelas poderosas energias do Amor que os alcançam, mantendo-os jubilosos em todos os momentos, especialmente quando rugem as tempestades que ameaçam a estrutura da Humanidade.

São eles que, em tempos de provação e desespero, erguem as flamas do entusiasmo e mantêm as clâmides alvinitentes que lhes guardam os corpos como verdadeiros arneses, preservando-os das agressões que lhes são dirigidas.

Tem cuidado com os teus pensamentos e pendores, porque te constituem antenas que atraem os semelhantes vibratórios para as correspondentes influenciações de que ninguém escapa.

Mesmo que identifiques tendências inferiores no teu comportamento, o que é compreensível, trabalha-te para superá-las, substituindo-as pelos anseios de enobrecimento e de valor com que podes atingir as cumeadas do progresso durante a atual reencarnação.

Não postergues o esforço de libertação, porquanto, sendo mais forte a atração para o mal e direcionadas as energias para a correção moral, mais significativos e relevantes serão os resultados do teu esforço.

Aqueles que hoje se te apresentam santificados e aureolados de bênçãos, também passaram pelas rudes provas que ora defrontas, havendo optado por enfrentá-las e vencê-las do que transferido para ocasião que certamente seria prejudicial.

O que deves realizar hoje, empenha-te por fazê-lo a partir de agora.

Ninguém atinge o acume da montanha sem o primeiro passo nas suas baixadas.

Qualquer vitória é lograda mediante esforços inauditos, que se transformam em prazer e hábito natural, depois das várias tentativas realizadas.

Aquilo que no começo significava um verdadeiro sacrifício, após treinamento e repetição, incorpora-se aos costumes, tornando-se parte da natureza moral em desenvolvimento contínuo.

Não te permitas aceitar as influenciações maleivosas, que periodicamente te assenhoreiam a casa mental, lançando desconfiança em relação a amigos e afetos, por tratar-se de passo perigoso que propele para construções psíquicas portadoras de morbidez e de crueldade.

Os acontecimentos são conforme ocorrem e não de acordo com a óptica feliz ou desventurada dos seus observadores.

Desse modo, assume contigo mesmo o compromisso de superar as *inclinações do mal*, adotando as tendências da confiança e da fraternidade, passando a respirar em outra psicosfera, vivendo em clima de bem-estar e harmonia.

Assim se comportando, serás alvo das influenciações enobrecidas pelas entidades santificadas, que te inspirarão beleza, quando pairem situações torpes, luminosidade quando estejam dominando as sombras, amor nas situações penosas, esperança nos momentos de inquietação e paz em todos os momentos, porque as conquistas interiores não sofrem abalo em razão das circunstâncias externas.

O Universo é constituído de forças que se mantêm em perfeito equilíbrio e, quando algo ocorre fora dessa harmonia, surge o caos, de onde o Criador novamente retira as constelações luminíferas, deslumbrantes...

A vida é constituída por fatores múltiplos, que se encarregam de produzir a unidade, que se origina em Deus e que n'Ele se encontra.

A fragmentação é experiência necessária, mediante a qual o trabalho bem urdido se encarrega de restabelecer a harmonia perdida.

Influencia as demais criaturas a conseguirem o autodescobrimento, a fim de melhor compreenderem a finalidade existencial, a maneira eficaz de superar os dissabores e acabrunhamentos, autoiluminando-se e sendo felizes.

Por tua vez, deixa-te influenciar pela inspiração superior, avançando sempre e sem titubeios no rumo da autoconquista que te romperá a grilheta, favorecendo-te com a ventura a que aspiras.

# 12

# O LIVRE-ARBÍTRIO

Desde o momento em que o Espírito, no processo evolutivo, conseguiu alcançar a capacidade de pensar, a fim de agir de maneira consciente, o livre-arbítrio liberou-o dos automatismos naturais a que se encontrava submetido, sem o discernimento para as atividades pertinentes ao seu crescimento intelecto-moral.

Essa admirável conquista dentro do determinismo superior ensejou-lhe, a partir daquele instante, a capacidade de experimentar a vivência das emoções enobrecidas, embora ainda exista o predomínio dos instintos que são inerentes à sua condição de humanidade.

Foi-lhe facultado o ensejo de eleger o Bem ao invés do Mal, logo que a psique experimentou a fissão inevitável, separando as duas expressões da vida que se encontram ínsitas no ser.

Compreendendo que o bem é tudo aquilo que está concorde *com as Leis de Deus*, que proporciona alegria de viver, tranquilidade emocional e bem-estar, pode superar a inclinação para o mal, esse atavismo que o vem arrastando pelo sorvedouro das reencarnações repetitivas, sem conquistas relevantes.

Orientado pela consciência do que deve fazer, sempre que lhe seja facultado realizá-lo, pode operar com segurança os mecanismos internos de que se encontra possuído, avançando na conquista de novos e mais elevados patamares morais. O intelecto se lhe dilata, ampliam-se-lhe as percepções da vida, enriquecendo-o de júbilo, por entendê-la com segurança, ao mesmo tempo aumentando o círculo da afetividade fraternal que o torna membro útil do grupo social no qual se movimenta.

Embora a aquisição do livre-arbítrio, que constitui uma bênção, a responsabilidade moral assume na consciência um papel de alto significado, porquanto o resultado da opção elegida desencadeia efeitos inevitáveis que devem ser acatados, avaliados e aplicados de forma consciente.

Os desequilíbrios emocionais que induzem às ações que lhe retardam a marcha, porque o prendem aos elos do primarismo por onde deambulou, passam a constituir-lhe adversários implacáveis, que devem ser enfrentados em combate sério, sem postergações nem anuências com as suas atrações.

Os velhos hábitos morais profundamente arraigados como efeito das paixões subalternas devem ser substituídos por novas condutas que proporcionem libertação dos vícios e das manipulações perversas da ignorância antes em predomínio.

Nessa peleja do hoje em relação ao ontem que deve ser superado, muitas vezes ocorrerão insucessos que são compreensíveis até que as conquistas recentes se fixem em forma de novos automatismos.

Quanto mais sejam exercitadas as faculdades de discernimento espiritual, mais valiosas se tornam, em razão dos resultados que se experimentam em cada momento.

A escolha correta em relação ao comportamento a experienciar-se, logo resulta em harmonia interior e encantamento pela existência, enquanto as opções sombrias, ao inverso, favorecem a permanência da ansiedade, da insegurança e de contínuo mal-estar...

Certamente, o próprio livre-arbítrio possui limites ante o determinismo que estabelece as regras do desenvolvimento evolutivo, no qual todos se encontram situados, não podendo, portanto, ultrapassar a fronteira do mérito de cada pessoa.

Procura reflexionar com cuidado antes de tomares decisões em relação aos problemas e desafios que se te apresentam em cada instante.

Não ajas em decorrência do impulso, pura e simplesmente, quando surpreendido pelas ocorrências afligentes.

Busca analisar os efeitos da tua decisão e modera a forma como os enfrentarás.

Muitos males podem ser evitados, quando a paciência, o comedimento, a coragem da fé contribuem para o discernimento de como comportar-se nesses momentos desafiadores, enquanto a irreflexão, o orgulho ferido, o egoísmo direcionam a conduta para verdadeiros desastres...

O respeito pela vida impõe serenidade em cada fase do seu desenvolvimento e os fenômenos psicológicos de alto risco merecem tratamento especial, de maneira a proporcionar saúde e paz, em vez de transtornos e desaires...

Desencadeada a ação, os efeitos de imediato se apresentam, inevitáveis.

Ninguém é impelido à prática do mal, à permanência no vício, no erro e nos empreendimentos perturbadores, sem chance de evitar-lhes a injunção penosa. Desde que se alcançou a faculdade de pensar e de decidir, mesmo que sob os camartelos do sofrimento, a decisão deve firmar-se nas Leis de Amor que vigem em toda parte e que todos os seres humanos sentem, mesmo quando não as conseguem entender.

Em decorrência dos comprometimentos antigos, existe um natural arrastamento para a continuidade da conduta malsã, que o bom senso, o conhecimento já adquirido repelem, por saber-se as consequências que deles resultam.

Aceitar-se ou rejeitar-se o impulso doentio é opção de cada qual, valendo, nessa decisão, as disposições para a conquista da harmonia pessoal, da felicidade.

Um valioso recurso encontra-se à disposição de toda criatura sincera, no momento em que se aturde com os fatos desastrosos, com as surpresas desagradáveis, com os impositivos penosos da existência, que é a oração, capaz de propiciar ligação psíquica com as forças vivas do Universo, com a Divindade, que providencia socorros imediatos, enviando respostas seguras e as forças necessárias para o êxito do enfrentamento.

Quando alguém ora, *abrem-se-lhe* os campos psíquicos, que se tornam dúcteis aos registros das respostas celestes.

Conhecessem, as criaturas humanas, a excelência dos resultados da oração, e sempre que lhes fosse possível, buscariam o concurso da vinculação com as Esferas superiores, haurindo, nesse intercâmbio, energias saudáveis para as vitórias existenciais.

Todos são livres para pensar e para agir, desde que as leis lhes facultem a atividade. Nada obstante, ninguém pode fugir às consequências da sua escolha, do seu arbítrio.

A vida é um ato de amor do Genitor Divino, merecendo ser considerada com elevação e respeito, a fim de que se coroe de frutos sazonados de paz e de progresso.

Cada conquistador avança no rumo da sua eleição, *pagando* o preço da aventura, do empreendimento.

De igual maneira, utiliza-se do recurso extraordinário do livre-arbítrio para não mais comprometer-se com o erro, o crime, a infelicidade.

Estás destinado à plenitude. Começa a experimentá-la desde agora nas suas primeiras expressões.

# 13

# MARCAS MORAIS

O ser humano, ao comprometer-se perante as Leis Divinas, fica assinalado por marcas que se lhe fixam, difíceis de ser removidas, mesmo quando superados os equívocos e integrado no concerto harmônico da sociedade, como permanente advertência para não mais incidir nos mesmos equívocos.

São esses sinais psicológicos que facultaram ao nobre psiquiatra suíço Jung o estabelecimento dos arquétipos, com os quais construiu a sua doutrina libertadora de muitos conflitos e de valiosas outras contribuições para o equilíbrio do espírito no seu aljube carnal.

O erro, o vício, o ato criminoso encontram-se carregados de emoções perturbadoras de tal ordem que levam a sua vítima a situações embaraçosas durante muito tempo.

Ansiedade, culpa, medo são algumas das emoções que se manifestam após o comprometimento, assinalando no inconsciente a necessidade da liberação da mácula, mediante a sua diluição que se torna exequível pelas realizações iluminativas que se encontram ao alcance de todo aquele que deseja a harmonia e a saúde.

Desde o momento em que ocorreu a fissão da psique, esquematizando as forças do bem e do mal e de todos os fenômenos antípodas, o discernimento passou a sofrer o assédio do *ego* para permanecer nas posturas cômodas do prazer, sem a indispensável renovação espiritual que faculta a sua diluição no *Self.*

A atração da felicidade promove o esforço do ser para vencer os impulsos ancestrais que se insculpiram no cerne da vida, oferecendo os valores morais para consegui-lo.

A percepção do que é correto e do que é pernicioso proporciona a opção por tudo aquilo que favorece com harmonia, abrindo um imenso elenco de trabalho com as ferramentas do amor, que passa a inspirar o comportamento.

Adquirida a consciência de que somente as ações corretas promovem, o Espírito, mesmo quando pratica o erro, sente náusea da permissividade que se permitiu e aspira pela sua correção imediata, fortalecendo os propósitos de elevação que irão assinalá-lo com outras marcas, as que expressam dignidade e evolução.

O longo período de primarismo condiciona o ser profundamente à repetição das velhas fórmulas, que já não lhe satisfazem, porque, havendo conhecido o lado superior do comportamento rico de emoções sem tormentos, não mais se tranquiliza nas atitudes antigas.

De tal forma se expressam esses novos sentimentos, que eles próprios possuem as forças necessárias para as mudanças, às vezes dolorosas, porque assinaladas pelo sacrifício e pela renúncia.

A conversão dos sentimentos, portanto, ocorre na esfera íntima do ser humano, que passa a descondicionar-se dos hábitos perniciosos, gerando outros, que são os enobrecedores.

❖

Felizes aqueles que podem assinalar-se por marcas que mudam de significado no transcurso da mesma existência...

Quando se pronuncia o nome Judas Iscariotes, logo a marca da traição é o sinal mais visível da sua personalidade atormentada, embora muitas realizações honestas e saudáveis que foram praticadas antes e depois do ato ignóbil.

Referindo-se a Simão Pedro, o apóstolo galileu, a marca do negador é acionada rapidamente, apesar da sua posterior entrega total a Jesus até a morte estrênua na cruz de cabeça para baixo...

Evocando-se o nome de Maria de Magdala, a sombra da conduta irrefletida e insensata envolve-a, nada obstante a renovação moral que se impôs de tal maneira elevada, que lhe facultou ser a primeira testemunha da ressurreição.

Qualquer referência a João evangelista, e ei-lo identificado como o discípulo amado, em razão da sua afetividade.

Felizmente, alguns deles conseguiram novas marcas defluentes dos esforços de renovação que se transformaram em heroísmo e abnegação.

De igual maneira, qualquer personagem que se tornou célebre ou não no cenário terrestre, permanece assinalada pelo ferrete da alucinação que se permitiu ou pelo sinal de enobrecimento que lhe tipificou a existência.

Essas marcas exteriores também se encontram no psiquismo do indivíduo, muitas vezes atormentando-o, embora inconscientemente, em especial quando gera culpa e, por consequência, necessidade de reparação.

De igual maneira, aquelas da elevação moral transformam-se em estímulos valiosos para o prosseguimento no esforço da autoiluminação.

O ser humano é um conjunto de experiências que lhe formam o caráter, a personalidade, impulsionando-o ao avanço, quando são nobres essas realizações, ou fazendo-o momentaneamente estacionar no sofrimento, na repetição da atividade até liberar-se do conflito culposo.

Essencialmente, é o Espírito que armazena os valores de ordem psíquica necessários ao crescimento interior e à conquista do espaço e das oportunidades de bem servir.

Nisso residem-lhe as conquistas inalienáveis que se transferem de uma existência para outra, favorecendo-o com o enriquecimento interno.

Todos os conflitos, portanto, que afetam o ser humano resultam das suas *marcas* morais que, negativas, aguardam a diluição pelo antídoto dos comportamentos relevantes que mantém, e quando positivas, auxiliando-o na ascensão interior...

Tem em mente que os teus atos possuem a força de assinalar-te psicologicamente, refletindo na emoção a qualidade das ações perpetradas.

O idealista que supera as condições negativas em que se encontra, obstaculizando-lhe a realização dos anelos de que se faz portador, traz as *marcas* dos tentames anteriores que se concretizaram ou não, mas que lhe constituem motivo básico para a existência.

Os interesses da atualidade, de igual maneira, irão deixar os sinais correspondentes que lhe programarão os comportamentos do futuro.

Assim sendo, permite-te assinalar pelas *marcas do Cristo,* que são a bondade e o amor, a mansidão e a caridade, enriquecendo-te de bênçãos de harmonia e de felicidade ainda nesta existência corporal.

# 14

# RESPONSABILIDADE DE CONSCIÊNCIA

Mede-se a responsabilidade em torno dos atos de um indivíduo de acordo com o nível de consciência moral em que ele se encontra.

A aquisição da consciência amplia-lhe os horizontes da percepção da realidade terrena, dos objetivos que deve perseguir, das dificuldades a superar, das conquistas que o projetarão espiritualmente.

Enquanto jornadeava sob a exclusiva dominação dos instintos agressivos, que herdara das experiências anteriores, o discernimento encontrava-se obumbrado, sem as possibilidades de eleger aquilo que lhe seria de magna significação para o auxiliar no processo da evolução.

O comportamento era resultado dos atos reflexivos, repetitivos, que o mantinham no nível de consciência adormecida. Predominava em a sua natureza o egoísmo, na condição de equipamento de defesa que, de alguma forma, mantinha-o na área das sensações e dos interesses mesquinhos, sem os estímulos necessários à aquisição da beleza, da sabedoria, dos valores espirituais da vida.

Dilatando-se-lhe a capacidade de entender os objetivos existenciais, logo se apresentam os impulsos que o induzem à observação, à experiência de novos conteúdos emocionais relevantes, que são atributos do pensamento e do sentimento.

Nessa grande jornada que o Espírito empreende, saindo das trevas da ignorância para a luz do saber, cada passo dado é avanço que mais o predispõe a novos tentames que sempre o enriquecerão de alegria e de motivos para viver.

A vida carnal é incomparável concessão do Amor, que a faculta ao *princípio inteligente do Universo,* a fim de proporcionar-lhe os fatores mesológicos favoráveis ao desabrochar da consciência plena.

O significativo empreendimento de iluminação favorece-o então com os valores existenciais que rompem a couraça do *ego* e liga-o ao ser profundo que é, tornando a marcha agradável e os seus desafios transformados em oportunidades preciosas de que necessita.

A pérola é arrancada do seu claustro a golpes vigorosos de instrumentos que abrem a concha bivalve. Enquanto resguardada no seu santuário, não reflete a pálida luminosidade de que é possuidora.

De maneira equivalente, o despertar da consciência, no ser humano, tanto pode suceder em razão das lentas conquistas do progresso que proporciona o enriquecimento, como do sofrimento com os seus camartelos de dor e aflição, que impulsionam o ser à realidade do estágio em que se encontra.

Durante apenas uma existência física torna-se difícil a aquisição da consciência, que transfere de uma para outra reencarnação as conquistas adquiridas, ressurgindo em a nova etapa como tendências, aptidões, reminiscências...

É inexorável o processo de conscientização do Espírito, que traz nos seus refolhos as possibilidades do futuro pleno que lhe está destinado.

Sendo a sua fatalidade a conquista da consciência cósmica, é natural que esse desenvolvimento dê-se de maneira adequada, insculpindo no cerne cada conquista que o capacita para voos mais audaciosos em direção do infinito.

Enquanto na organização somática descobre a necessidade de administrar a máquina de que se utiliza, recorrendo às suas funções sob o controle da mente e não ao inverso, como normalmente acontece, esse recurso lhe proporciona o avanço com a ruptura feliz dos laços vigorosos da ignorância.

Toda conquista nova exige adaptação e esforço, possibilitando identificação com a vida na sua grande finalidade existencial. Desse modo, tudo quanto antes se afigurava aflição e prova logo que foi ultrapassado converte-se em precioso bem, sem o qual se estagiaria quase que indefinidamente nas faixas do primarismo.

Quando ocorre o despertar da consciência, sabe-se como proceder, como fruto da análise das circunstâncias e dos benefícios ou prejuízos que as decisões podem proporcionar. O surgimento da responsabilidade em torno dos atos morais constitui um patrimônio de incontestável significado, auxiliando na escolha dos programas e das realizações mais propiciatórias à harmonia e à saúde integral.

A dor é sempre uma companheira não desejada, porquanto aflige com as suas sensações e emoções perturbadoras. No entanto, muitos golpes do sofrimento apresentam função psicoterapêutica para o Espírito, porque o ajudam a despertar para a realidade de ser imortal que é, embora transitando no invólucro material, sempre de efêmera duração.

Enquanto mergulhado no oceano celular, um certo adormecimento mental em torno do seu significado e grandeza impede-o de realizar os esforços imprescindíveis ao grande logro da libertação. É nessa fase que a dor exerce o seu papel significativo de romper-lhe a carapaça do obscurantismo e conduzi-lo às origens espirituais, demonstrando-lhe a fatalidade da morte e do retorno ao Grande Lar.

A centelha do discernimento que jazia encarcerada de imediato aumenta a capacidade iluminativa e o combustível do amor como do conhecimento revigora-a, contribuindo para o mister a que se destina.

A compreensão, portanto, dos desafios existenciais no período de aquisição da consciência é grandioso auxiliar para a tolerância e a compreensão dos estágios em que outros ainda se encontram, tornando mais fácil a dádiva do perdão, o olvido aos ressentimentos gerados pelos conflitos de relacionamentos e de competições humanas.

O lado imediatista da luta terrena cede então lugar a uma ampla área de conquistas que se vão adquirindo mediante a fraternidade e o auxílio recíproco, porque ninguém consegue desvencilhar-se dos liames do passado sem o contributo da solidariedade do seu próximo.

Viver de maneira consciente a respeito da finalidade existencial da jornada terrestre constitui o grande desafio para o ser humano que, ao conseguir, avança com decisão no rumo certo, sem tergiversação.

*Vitória sobre a depressão*

Empreendido o tentame de ser feliz, os antigos impedimentos diminuem de significado e a existência se alcandora com a luz sublime do amor conforme Jesus o viveu e ensinou a introjetá-lo na mente e no coração.

# 15

# VIVER COM ALEGRIA

Saúda o dia nascente com alegria de viver aureolada pela gratidão a Deus.

Cada novo dia é abençoada oportunidade de crescimento espiritual e de iluminação interior.

Atravessar o rio dos problemas de uma para a outra margem, onde se encontram as formosas atividades de engrandecimento moral, é a tarefa inteligente da pessoa que anela pela conquista da felicidade.

Quando se abrem a mente e o coração à alegria, é possível descobri-la em toda parte, bastando olhar-se para a vida, e ei-la jubilosa!

Quando se adquire a consciência da responsabilidade, de imediato sente-se que se é livre, mas essa liberdade é sempre conquistada pela ação que se converte em bênção de amor.

Somente através do amor perfeito é que o ser humano pode considerar-se realmente livre de todas as amarras, mesmo que essa aquisição seja lograda, de alguma forma, através do sofrimento.

O sofrimento faz mal, no entanto, não é um mal, porque oferece os recursos valiosos para a aquisição do bem permanente.

Eis por que o trabalho de qualquer natureza deve ser realizado com o sentimento de amor, o que equivale a uma postura de liberdade em ação.

Quando o amor não está presente no sentimento, a alegria não se enfloresce, porque permanece sombreada pelas dúvidas e suspeitas, porquanto somente pelo amor é que se adquire a perfeição, em face dos mecanismos de ação que movimenta.

Pessoas existem que afirmam não poder amar porque não compreendem o seu próximo, tendo dificuldade em aceitá-lo conforme é. A questão, no entanto, é mais sutil e deve ser formulada nos seguintes termos: porque não ama, torna-se difícil compreender, em razão dos caprichos egoísticos que dificultam a bondade em relação aos outros.

Quando o amor se instala, a alegria de viver esplende como resultado da própria alegria de ser consciente.

A alegria não é encontrada em mercados ou farmácias, mas nos recônditos do coração que sente e ama, favorecendo-lhe o surgimento como um contínuo amanhecer. Basta que se lhe ausculte a intimidade, e ei-la triunfante sobre a noite das preocupações.

Em realidade, viver com alegria não impede a presença dos sofrimentos que fazem parte do processo da evolução. Pelo contrário, é exatamente por serem compreendidos como indispensáveis que proporcionam satisfações e bem-estar.

Sempre que possível expressa a tua alegria de viver.

Os sentimentos cultivados transformam-se em estímulos para as ações que se materializarão mais tarde.

Se permites que a tristeza torne-se companheira frequente das tuas emoções, a melancolia em breve estará instalada nos teus sentimentos, tirando-te a beleza da existência.

Se te apoias à queixa contumaz, a tua será uma conduta amargurada, fazendo-te indisposto e desagradável.

Se optas pelo cultivo de ideais enobrecedores de qualquer natureza, o entusiasmo pela sua preservação fará dos teus dias um contínuo encantamento.

Se tens o hábito de encontrar sempre o melhor, quase invisível ou imperceptível nos acontecimentos menos felizes, desfrutarás de esperança e de júbilos permanentes.

A existência física não é uma viagem miraculosa ao país da fantasia, mas uma experiência de evolução assinalada por processos de refazimento, uns e outros de conquistas inevitáveis, que geram sofrimento porque têm a finalidade de desbastar os duros *metais* da ignorância e aquecer o inverno do primarismo...

É natural, pois, que a dor seja companheira do viajante carnal.

Quando jovem, tudo são expectativas, ansiedades, incertezas...

Quando na idade madura, a colheita de reflexos da juventude propicia, quase sempre, insatisfações e desencantos.

Quando na velhice, em face do desgaste, manifesta-se o aborrecimento pela perda da agilidade, da memória, da audição, da visão, da facilidade que era verdadeira bênção...

Sempre haverá motivo para reclamação, porque cada dia tem a sua própria quota de aflição, que deve ser aceita com bonomia e naturalidade.

Com a alegria de viver instalada no imo, sempre haverá uma forma de encarar os acontecimentos, concedendo-lhes validade, e deles retirando a melhor parte, como afirmou Jesus, *aquela que não lhe será tirada*, porque representa conquista inalienável para a mente e para o coração.

Adapta-te, desse modo, às ocorrências existenciais, alegrando-te por estares no corpo, fruindo a oportunidade de corrigir equívocos, de realizar novos tentames, de manter convivências saudáveis, de enriquecimento incessante...

A vida com alegria é, em si mesma, um hino de louvor a Deus.

Não te permitas, portanto, a convivência emocional com as manifestações negativas do caminho por onde transitas.

Observa as margens do teu caminho e rega-as, mesmo que seja com suor e lágrimas, a fim de que as sementes do Divino Amor, que se encontram nelas sepultadas, germinem e transformem-se nas flores que adornarão a tua marcha ascensional.

Liberta-te, mesmo que te seja exigido um grande esforço, das heranças primárias, filhas da agressividade, do inconformismo, dos impositivos egoístas que te elegem como especial no mundo, e considera que fazes parte da grande família terrestre, sujeito, como todos os demais, às injunções dos mecanismos da evolução.

Alguém que cultiva a alegria de viver já possui um tesouro. Esparze-o onde te encontres e oferta-o a quem se te acerque, tornando mais belo o dia a dia de todos os seres com o sol do teu júbilo.

*Vitória sobre a depressão*

Se já encontraste Jesus, melhor razão tens para a alegria, porque, envolto na *Luz do mundo*, nenhuma sombra te ameaça, nem sequer qualquer transtorno de comportamento, especialmente o depressivo...

Serás, ao longo da vilegiatura carnal, o que te faças a cada instante, conforme o és, resultado do que te fizeste.

Alegra-te com a vida que desfrutas e agradece sempre a Deus a glória de saber e de amar para agir com acerto.

# 16

## FUGAS PELA CULPA

Comumente, ouve-se justificativa para alguém escusar-se ao serviço de socorro ao próximo, como a alegação de que não é perfeito e, portanto, não possui as condições exigíveis para o exercício das ações de enobrecimento.

Muitos indivíduos alegam que carregam várias culpas conscientes quanto inconscientes de gravames que foram perpetrados e que os atiraram no poço da amargura, tornando-os indignos de realizações elevadas.

Seria de indagar-se, quais as qualidades exigíveis para a prática do amor nas suas múltiplas expressões sob a inspiração do anjo da caridade?

Oferecer-se um copo com água fria ao sedento, doar-se uma côdea de pão ao esfaimado, um vaso de leite ao enfermo, modesta moeda ao necessitado, um gesto de compaixão, uma palavra gentil, um aperto de mão são tão espontâneos fenômenos humanos, que não exigem elevados sentimentos morais, bastando somente o desejar-se auxiliar…

São tantas as formas de exteriorizar gentileza e bondade, que não se torna indispensável uma situação espiritual superior para apresentá-las.

Mediante a ação fraterna e natural adquirem-se os títulos de enobrecimento moral, superando-se as tendências perniciosas que escravizam o indivíduo, mantendo-o nas paixões dissolventes, e que passam a diluir-se quando ocorrem os atos de amor, cedendo os espaços mórbidos à beneficência.

Certamente, a culpa é algoz impiedoso que se inculpe na consciência e, à semelhança do ácido, corrói as fibras emocionais da sua vítima, enquanto é conservada.

Por essa razão, deve ser racionalizada de maneira tranquila e diluída mediante as aplicações dos valiosos dissolventes do amor em forma de edificação de outras vidas.

Quando alguém se escusa a ajudar, não está sendo impedido pela culpa, mas pelo egoísmo, esse genitor insensível da indiferença pelo sofrimento dos outros, distanciando-se, na desdita em que se compraz, dos recursos eficientes para a aquisição da paz interior.

Todos os seres humanos, de uma ou de outra forma, carregam algumas culpas, inclusive aquelas que lhes foram impostas pelas tradições religiosas absurdas, que se compraziam em condenar em vez de orientar a maneira eficiente para a libertação dos equívocos em que tombavam.

Dessa forma, existem *marcas* psicológicas ancestrais, que afligem, mas podem ser anuladas mediante o conhecimento da realidade e dos legítimos valores morais que são as regras de bem viver, exaradas no Evangelho de Jesus e sintetizadas no Seu conceito sublime, que é *não desejar nem fazer a outrem o que não gostaria que lhe fosse feito.*

A aceitação honesta do fenômeno *culpa* pela consciência constitui excelente aquisição emocional para o trabalho de diluição dos fatores que a geraram.

Uma análise sincera do acontecimento produz compreensão em torno da ocorrência do fato infeliz, levando-se em consideração as circunstâncias do momento, o estado emocional em que se encontrava o indivíduo, a *sombra* predominante...

O erro é sempre resultado do nível de responsabilidade imposta pela consciência. Quando se trata de algo planejado com objetivos perniciosos, certamente os danos produzidos são muito mais graves, transformando-se em conflito psicológico de ação demorada. No entanto, quando outros fatores imprevistos desencadeiam a atitude maléfica, é compreensível que a responsabilidade se apresente menor.

Em face disso, afirmou o Mestre de Nazaré: *Mais se pedirá àquela que mais recebeu*, estabelecendo que o conhecimento é fator predominante em relação à responsabilidade dos atos humanos.

A questão da culpa é tão relevante que, analisando o drama da mulher surpreendida em adultério, Jesus exarou o surpreendente conceito: *...E aquele que estiver sem culpa, que atire a primeira pedra.*

É compreensível que, seja qual for a forma como se deu a sua instalação, é sempre resultado da longa aprendizagem a que o Espírito se encontra submetido no compromisso da autoiluminação, transformando ignorância em conhecimento, instinto em discernimento lógico e em razão, primarismo em sabedoria...

Já constitui um passo significativo a sua identificação, que significa o começo da sua superação.

Nenhum recurso mais eficiente para a sua eliminação do que todo bem que se pode fazer, porquanto o auxílio ao próximo, à comunidade, a contribuição ao bem-estar geral proporcionam recuperação do equívoco de maneira judiciosa e edificante, resultando em favor do progresso geral. Isto porque, sempre que alguém cai, que se compromete, a sociedade com ele tomba, sendo natural que, ao elevar-se alguém, com ele a sociedade se erga.

O auxílio fraternal, portanto, é valioso contributo psicoterapêutico para a libertação de quaisquer transtornos emocionais, ao mesmo tempo que constitui eficiente método pedagógico para a aquisição da harmonia interna com a consequente aprendizagem em torno dos objetivos relevantes da vida.

Sacrifica, pois, a comodidade disfarçada de conflito de culpa ou equivalente e faze a tua parte no concerto terrestre, modificando as estruturas atuais do comportamento social e criando novas condições para o progresso geral.

A felicidade somente se instalará na Terra quando as criaturas humanas compreenderem que o auxílio recíproco é recurso precioso para o equilíbrio entre todos. Enquanto houver segregação, discriminação, miséria de uns e excesso de outros, exorbitância de poder ou de fortuna em poucas mãos com a escassez na multidão, o sofrimento permanecerá como látego sobre o seu dorso, até o despertamento consciente e a mudança inevitável de conduta.

Aquele que dispõe dos recursos superiores da existência como saúde, beleza, fortuna, lar feliz, inteligência e conhecimento, não havendo feito o uso dignificante, retorna ao proscênio terrestre em situação de carência, a fim de aprender aplicação de valores e solidariedade.

Nunca desconsideres o poder dos pequenos gestos de bondade e de amor que fazem muita falta entre os seres humanos.

Por mais insignificantes que pareçam, constituem notas musicais da grande sinfonia da vida vibrando no universo.

Toma parte na extraordinária orquestra do bem, contribuindo com o que possuas.

# 17

# FÉ E BÊNÇÃO

No turbilhão da vida moderna, quando a pessoa parece ter perdido a dimensão do tempo e o valor do espaço em contínua refrega para ter e poder, a fé religiosa diminui de intensidade em muitas mentes e sentimentos.

A justificativa da ausência de tempo para as questões, aliás, fundamentais da existência, torna a marcha evolutiva árida, adstrita exclusivamente às pertinentes à matéria e aos impositivos sociais, às conquistas financeiras e culturais, aos relacionamentos lucrativos, aos investimentos que proporcionam retorno imediato, à competição contínua, vez que outra à recreação em lugares paradisíacos e muito bem frequentados, aqueles que se encontram na moda...

O enfoque materialista sobrepõe-se à formação religiosa anterior, como se a mesma estivesse ultrapassada, porque canhestra e inoportuna, já não merecendo a dedicação de alguns minutos diários pelo menos, para as reflexões que proporcionam a alimentação da alma.

O ser humano é um animal essencialmente religioso, até mesmo quando não se dá conta dessa realidade, porquanto, ao vincular-se a outros ideais e objetivos existenciais, presta-lhes um verdadeiro culto de fé, embora sem a conotação espiritual.

Muita falta faz a fé religiosa no ser humano moderno, por ser um archote luminoso em noite escura, conduzindo aquele que o carrega de maneira segura pelos escusos caminhos que é convidado a percorrer.

Naturalmente, referimo-nos à fé estruturada na razão, defluente de estudos e reflexões que demonstrem a sua autenticidade e vigor quando se lhe busca o apoio.

Muito dificilmente alguém poderá enfrentar as tempestades e refregas do mundo no dia a dia, sem o apoio da esperança e do conforto da caridade, como diletos filhos do amor.

Aquele que, a qualquer pretexto, isola-se, tem ressequido o sentimento de afetividade, estando às bordas de um transtorno esquizofrênico, em discreto agravamento.

A convivência inevitável com o próximo, mesmo quando o indivíduo não tem vinculação religiosa, é inevitável, em face dos compromissos familiares, sociais, comerciais, culturais, etc., impondo deveres e direitos recíprocos, que necessitam de ser mantidos a benefício da própria sociedade.

Quando a fé religiosa faz-se presente no ser humano, muito mais fácil se lhe torna a marcha, porque compreende a razão dos acontecimentos, a necessidade de crescer mental e emocionalmente, desenvolvendo as aptidões do bem e do saber, sentindo-se parte valiosa do grupamento que se lhe apresenta na condição de família ampliada.

A fé é uma verdadeira bênção que merece o cultivo com carinho e constância.

Naturalmente que necessita do combustível da oração, a fim de manter-se vigorosa em todas as situações.

Pode-se afirmar que a travessia da existência humana pelos pélagos vorazes do oceano carnal sem a fé é semelhante à situação de um barco navegando sem bússola.

Quando alguém se apoia na certeza da proteção de Deus, fenômenos fisiológicos e psicológicos ocorrem automaticamente, auxiliando-o na preservação ou na aquisição do equilíbrio e do bem-estar.

Aqueles que se afastaram das convicções religiosas, nos momentos difíceis do aljube físico, não dispõem de suporte emocional para resistir com harmonia interior aos embates do sofrimento. O materialismo a que se aferram não possui instrumentos de amor nem de confiança para serem utilizados, porque o terrível fantasma do nada os aturde, abrindo-lhes espaços sinistros para a fuga enlouquecida pelo suicídio, a fim de livrar-se da situação aflitiva em que se deparam. Como efeito, mergulham em um abismo sem fundo, no qual a realidade da vida se lhes apresenta com as fortes injunções das quais desejaram fugir.

É de suprema angústia o despertar do niilista que encontra a vida negada após a morte do corpo físico.

Adicionam-se-lhe à dor moral da constatação da realidade a noção do tempo malbaratado, o peso do remorso pelo sofrimento que se impôs através da deserção, a amargura pela conscientização da soberba nefanda e da presunção doentia a que se aferrava.

Não importa a denominação da escola de fé religiosa a que o indivíduo se vincule, mas a mensagem de vida imperecível que todas oferecem aos seus seguidores. Vivendo os seus postulados com honestidade e trabalhando as próprias imperfeições, ele adquire a tranquilidade indispensável aos enfrentamentos inevitáveis.

Ninguém passa pelo trânsito físico sem os atropelos do percurso, que se fazem necessários para o crescimento interior.

Graças aos avanços científicos e tecnológicos têm sido vencidos e decifrados muitos dos enigmas que antes ameaçavam a vida na Terra.

De igual maneira, esses mesmos instrumentos colocados a serviço da investigação da *Vida além da vida* têm confirmada a legitimidade dos fenômenos mediúnicos que demonstram a sobrevivência do Espírito à disjunção celular, oferecendo a certeza da imortalidade na qual a vida se expressa.

Essa convicção haurida no Espiritismo enseja a religião da fé raciocinada que ilumina os mais sombrios acontecimentos, explicando-lhes a causa e propondo as técnicas para a sua libertação.

É, desse modo, a *religião dos Espíritos* o mais ferrenho adversário da negação, a mais bela formulação filosófica para dar sentido psicológico à vida física, apresentando-a como decorrência daquela de natureza espiritual.

A fé religiosa desse porte transforma-se em alavanca poderosa que impulsiona ao progresso individual e coletivo, dignificando o ser que se renova a todo instante, facultando alcançar a plenitude à qual aspira.

Entre as magistrais parábolas enunciadas por Jesus, a que diz respeito à fé do tamanho de um *grão de mostarda* oferece a dimensão que o Mestre concedia a esse sentimento de religiosidade interior.

Graças a essa confiança, pode-se fazer tudo quanto se deseja, porque não faltarão estímulos para consegui-lo.

A fé religiosa, portanto, constitui uma inestimável contribuição para a autossuperação dos conflitos, a vitória sobre a inferioridade moral, a aquisição da paz...

*(...) Se tiverdes fé como um grão de mostarda, direis a este monte: passa daqui para acolá, e ele há de passar, e nada vos será impossível* (Mateus, 17:20).

Com o apoio da fé religiosa, os montes desafiadores dos problemas tornam-se facilmente transpostos.

Busca-a através da reflexão e conseguirás um tesouro de valor incalculável.

# 18

# PROVAÇÕES ABENÇOADAS

Excluindo-se as expiações pungitivas e indispensáveis ao reequilíbrio espiritual, as provações constituem abençoado elenco de experiências iluminativas, graças às quais é possível uma existência digna, avançando no rumo da felicidade.

Normalmente, durante o seu transcurso ocorrem fenômenos de dor e de sombra ajustados ao programa de recuperação moral do ser equivocado ou rebelde.

A dor sempre se lhe acerca benfazeja e opera-lhe as transformações interiores que o capacitam a melhor discernir para agir entre o bem e o mal, o correto e o danoso, amadurecendo-o psicologicamente para novos e oportunos empreendimentos libertadores.

O curso existencial é rico de alegrias e de descobrimentos dos tesouros da vida, que proporcionam beleza e motivações múltiplas para os contínuos tentames.

Vez que outra, apresentam-se as provações que podem ser consideradas como testes de avaliação do desenvolvimento intelecto-moral, como técnica pedagógica para fixar a aprendizagem, como recurso de promoção para estágio superior.

Bem recebidos esses contributos da evolução, o Espírito enrijece-se nas lutas, adquirindo resistência para os enfrentamentos com as tendências inferiores que periodicamente ressumam do inconsciente, herança poderosa que são do passado, e que necessitam ser liberadas sem qualquer prejuízo.

O hábito, porém, do bem-estar e o natural anelo pelo prazer assinalam esses momentos de aflição de maneira tão profunda, que passam a ser evocados com maior facilidade do que todo aquele arsenal de alegrias e preciosas conquistas.

Muitos indivíduos desassisados vivem a remoer mentalmente os acontecimentos afligentes, a comentá-los com tanta frequência que dão a impressão de haver sido a sua caminhada uma via-crúcis sem trégua.

Detêm-se em relatórios amargos dos momentos difíceis, como se fossem anjos perseguidos em sua imácula pureza, num atestado de rebeldia e ingratidão para com o Pai Soberano que os favoreceu com preciosos recursos capazes de anular aqueles pequenos incidentes, aliás, necessários ao processo de autoidentificação e de vinculação de segurança com a vida.

São tantas as concessões de paz e de saúde, de inteligência e de arte, de pensamento e de trabalho, de convivência agradável com as demais pessoas, que praticamente desaparecem as ocorrências que foram penosas enquanto duraram, deixando benefícios incalculáveis.

Essa postura raia, às vezes, à condição patológica de masoquismo, em face do prazer mórbido de privilegiá-la em detrimento das ocorrências felizes e favorecedoras de alegria.

Esse, sem dúvida, é um comportamento injustificável quando se trata de um cristão em particular ou de um espírita em especial, por conhecerem ambos as razões morais que desencadeiam tais acontecimentos.

Uma atitude lúcida deve oferecer ao indivíduo o sentimento de gratidão pela ocorrência do sofrimento, chegando até mesmo a amá-lo, em razão dos benefícios que proporciona.

A admirável senhora Helen Keller, embora cega, surda e muda, viveu em constante alegria, tornando-se uma semeadora de esperança e de bom humor para milhões de outros seres atormentados nas suas expiações retificadoras, havendo dedicado a existência a encorajar o próximo por meio de memoráveis discursos e livros formosos.

Louis Braille, igualmente padecendo de cegueira, transformou os seus limites em bênção para os companheiros invidentes, criando o alfabeto para o tato, de resultados surpreendentes, e que hoje lhe guarda o nome.

Beethoven, em surdez total, utilizou-se do silêncio profundo para compor as últimas sinfonias da sua existência e, particularmente, a 9ª, *A coral*, considerada como um verdadeiro coroamento da sua obra.

Vincent Van Gogh, atormentado pela esquizofrenia, e cuja existência foi um fracasso, conseguiu, no entanto, pintar com esmero e realismo, refletindo o seu estado interior...

O Aleijadinho, apesar da injunção perversa da hanseníase, transformou pedras em estátuas deslumbrantes, esculpindo com maestria e tornando-se um artista incomum...

Apesar da tuberculose que o consumia, Louis Pasteur prosseguiu nas suas investigações em torno dos micróbios, oferecendo incalculáveis benefícios à saúde da Humanidade...

Ninguém atravessa os caminhos humanos isento dos sofrimentos, que fazem parte da própria constituição orgânica em face do desgaste a que está sujeita, dos conflitos psicológicos, resultados das vivências passadas, das contaminações que produzem enfermidades, das injunções defluentes da vida na Terra, planeta de provas e de expiações, e não paraíso por enquanto...

Mulheres e homens valorosos que foram enviados à Terra com limitações e impedimentos quase superlativos demonstraram a grandeza de que eram portadores, transformando a existência em um hino de alegria, tornando-se missionários do Amor e da Ciência, da Tecnologia, da Arte, da Fé religiosa, estimulando o progresso e trabalhando em seu benefício.

Possuidor de mil recursos preciosos, o indivíduo não tem por que queixar-se das dificuldades que o promovem, quando enfrentadas com sabedoria e superadas, dando-lhe dignidade e elevação moral.

As provações devem ser abençoadas por aqueles que as experimentam, porque nada acontece que não tenha razões ponderosas para a sua ocorrência, e, naquilo que se refere ao sofrimento, é claro que tem ele o papel de educador rigoroso, porém, gentil, indispensável ao crescimento espiritual dos seres humanos.

Reflexiona, quando nas tuas dores, as ocorrências da vida de Jesus, e compreenderás que Ele, sem culpa, lição viva de amor e de abnegação, experimentou agressões e escárnio, apedrejamento e coroa de espinhos, calúnias e

*Vitória sobre a depressão*

perseguições, culminando na cruz da desonra, sem qualquer reclamação...

Naturalmente que Ele não padeceu enfermidades, conflitos e ansiedades, porque era puro, jamais se havendo comprometido com o erro e com o crime, o que é diferente dos habitantes do planeta terrestre, que procedem das sombras da ignorância e do primarismo, avançando no rumo da luz imarcescível.

Abençoa, pois, as tuas provações e sê feliz em todos os momentos da tua vida.

# 19

# NECESSIDADE DA AUTOILUMINAÇÃO

Depois que o ser humano desenvolveu o intelecto e a razão, deu-se conta de que essas conquistas não lhe bastam à existência, porque não o preenchem interiormente.

No vazio existencial que o aturde, desenha-se-lhe a necessidade da autoiluminação, isto é, do autoencontro, da autorrealização.

Esse fenômeno é compreensível, porque a iluminação é o *vir a ser*, o encontro com a realidade, a plenificação íntima.

Confundida com manifestações extrafísicas, tem sido postergada por muitos candidatos, que receiam o envolvimento com a paranormalidade, com obrigações mediúnicas e outras que exigem esforços mentais e morais.

Certamente, a iluminação é um tentame de natureza espiritual convidando à conscientização em torno da imortalidade.

Ocorre quando há uma predisposição psíquica, às vezes, também, inesperadamente, qual sucedeu a Buda, a São Francisco e a milhares de outros, acontecendo, de igual maneira, quando o ser se encontra sob imensa emoção, conforme sucedeu com Saulo, ao ver Jesus, às portas da cidade de Damasco, ou discretamente, no silêncio da mente e do coração.

Aquele que se ilumina descobre a vida na sua grandiosidade e experimenta um ilimitado sentimento de compaixão, acompanhado de gratidão a todos quantos o precederam, aos contemporâneos e àqueles que virão depois...

Essa fascinante experiência transcende as conquistas do intelecto, caracterizando o despertar do sonho convencional e monótono da vida física e das suas exigências, abrindo espaço íntimo rico de paz e de bem-estar.

Com ela rompe-se a dualidade do ser, na qual o *ego* e o *Self* lutam pela primazia, conseguindo harmonizá-los em uma suave identificação de objetivos, em que não mais se combatem, porém se unem na mesma finalidade existencial.

É o exemplo das células que estão sempre ativas, mas que não trabalham exclusivamente para elas mesmas, senão para o conjunto orgânico, *perpetuando-se* na mitose até o momento da consumpção pela morte biológica.

Esse é o instante significativo da expansão do amor, que passa a movimentar-se além do estreito círculo do *ego* e do *si mesmo*, para servir à sociedade no seu conjunto, contribuindo com harmonia e bênçãos outras de solidariedade e bem-estar.

Com a iluminação adquire-se sabedoria, esse estágio que vai além do conhecer, alcançando o altiplano moral do ser, do encontrar-se no mundo com todos e não estar amordaçado nem aprisionado a ninguém.

Torna-se aquele que se ilumina, mesmo que o não deseje, observador da própria consciência, dilatando-a e utilizando-a para a compaixão e o amor.

Transformando-se em conhecedor do que lhe sucede e acontece em volta, supera as paixões emocionais, os interesses egoísticos e equilibra-se, qual se estivesse detendo a atenção em uma flor, na magia da sua realidade e do seu perfume, procurando entendê-la...

De alguma forma, a fim de que a iluminação ocorra, é necessário que seja alcançado o estado de inocência, a superação das suspeitas e dos vícios, a modificação de estruturas e de conceitos morais.

Não se trata da conquista de uma inocência qual a que existe nas crianças, que é ignorância a respeito das coisas, mas a anulação da malícia, das intenções dúbias e invejosas.

O sábio é inocente, bem diferente, no entanto, de uma criança, que ignora quem é, o que deverá fazer, por que se encontra na Terra...

À medida que cresce, perde essa inocência, enquanto o sábio, quanto mais transcorre o tempo, mais inocente, mais feliz, mais confiante se apresenta.

O *ego* torna-se diluído no ser profundo, e não existe nele tormento nem ansiedade.

Nesse estágio, não teme o futuro, não sofre as recordações do passado, não se aflige com a chegada da velhice e muito menos com a perspectiva da morte.

A autoiluminação é também a mais eficaz maneira de compreender os outros, porque o indivíduo se conhece a si mesmo, após haver descoberto de onde veio, para onde vai e como alcançar o novo patamar da felicidade.

Quando a inteligência se torna capaz de alcançar um conhecimento mais elevado e poderoso do que aquele que é fruto da reflexão, o campo está preparado para a autoiluminação, que pode surgir como um relâmpago ou ser alcançada suave e delicadamente...

É imprescindível que se aplique todo o empenho para a conquista da autoiluminação, que se transforma na identificação da Verdade, na compreensão sobre Deus, em que o raciocínio cede lugar à intuição, à captação plena do Pensamento Cósmico.

O ser iluminado compreende que não se pertence, e que todo esforço em favor do próximo e do mundo, no qual se encontra, faz parte da sua vida.

Quando Jesus disse que o *Reino dos Céus está dentro de nós*, acenou com a possibilidade de que, a partir da autoiluminação, o indivíduo já penetrou nele e passa a fruí-lo.

A iluminação não tem limites, porque o seu campo de expansão é o infinito.

Graças a essa conquista, alcança-se um estágio mais elevado de compreensão que traduz de maneira incomum a beleza do existir e do evoluir.

Pode-se afirmar que a finalidade precípua da existência corporal é a conquista dessa admirável experiência.

Não se suponha tratar-se de algo inalcançável, que somente assim o é para quem se contenta com a existência sensualista, trabalhada nas paixões servis e nos prazeres entorpecentes dos órgãos sensoriais.

A autoiluminação rompe essa barreira impeditiva.

❖

Desperto para a realidade da Vida imortal, o candidato à iluminação interior avança trabalhando os sentimentos, desenvolvendo a compaixão pela vida e por todos os seres sencientes de forma que o amor domine as paisagens do coração.

Centraliza o teu pensamento em Jesus e, mesmo sem afastar-te dos deveres que te dizem respeito junto à família, à sociedade e ao próximo, trabalha-te na expectativa da autoiluminação.

Após experimentá-la, nada mais te perturbará, facultando-te entender o estado *numinoso*, de graça, de *samadi*, de *Reino dos Céus*.

# 20

# O TRABALHADOR ESPÍRITA

Após o contato lúcido e consciente com o Espiritismo, o indivíduo compreende o sentido e o significado da sua existência na Terra.

De imediato, começa a romper a carapaça do *ego*, descobrindo as formosas oportunidades de crescimento moral e espiritual, saindo das paisagens limítrofes das paixões inferiores e do seu cárcere, às vezes dourado, onde fixou domicílio.

Os interesses anteriormente mantidos, aos quais dava uma relevância exagerada, lentamente passam a ceder lugar a outros mais profundos e libertadores, que o encantam, proporcionando-lhe entendimento a respeito da vida e do processo de evolução no qual se encontra situado.

As ilusões e os campeonatos da fantasia deixam de ter prioridade na sua agenda de aspirações diárias, em face da compreensão de que é imortal, e todo o projeto orgânico tem por finalidade a superação dos vícios e das más inclinações, essas atávicas reminiscências do período primário por onde transitou.

Uma alegria natural, feita de expectativas felizes, passa a dominar-lhe a *casa mental*, enriquecendo-a de aspirações em torno do belo, do nobre e do edificánte.

Nesse momento, descobre a arte e a ciência de servir, a que não se encontrava habituado, em razão das heranças passadas que o colocavam na postura enferma de querer sempre ser servido.

Contempla com outros olhos a mole humana e descobre sofrimento onde antes via poder e prazer, identificando a imensa procissão das almas enfermas espiritualmente com todo tipo de carências: afetivas, morais, espirituais, que as levam ao desespero e à agressividade.

Quanto mais se deixa penetrar pelo conhecimento da Doutrina renovadora, mais acentuados se fazem os sentimentos de amor e de solidariedade, estimulando-o a participar do banquete especial de cooperação em favor de melhores condições de vida e de diminuição das aflições vigentes.

Descobre que no Centro Espírita encontra-se a sociedade miniaturizada, uma célula de relevante significado, e tudo quanto ali seja realizado estará contribuindo em favor do conjunto humano fora das paredes em que se hospeda.

O Centro Espírita, na sua condição de escola de educação de almas, de hospital, de oficina e de santuário, no qual o amor se expande, passa a constituir-lhe o lugar ideal para aprender a servir, cooperando em favor da iluminação das consciências e da expansão do bem em toda a Terra.

Esse treinamento beneficia-o no comportamento doméstico, tornando-o mais tolerante e afável, comunicativo e jovial, autorresponsável, descobrindo na família a excelente ocasião de crescimento íntimo, porque está informado que ali estão reencarnados Espíritos de que necessita para avançar e não seres angélicos para o seu banquete da felicidade.

Lentamente, nesse indivíduo, nasce o trabalhador espírita.

Compreendendo que a instituição que frequenta necessita de apoio e de atendimento, passa a ajudar em pequenas tarefas, aquelas que nem sempre são percebidas, treinando humildade e renúncia.

Não aspira aos cargos de destaque, mas aos encargos indispensáveis à manutenção dos edificantes labores.

Uma real transformação interior nele se opera.

Conhecendo a Doutrina, mais facilmente a informa aos novatos, àqueles que se apresentam por primeira vez na Casa buscando amparo e orientação, proporcionando-lhes um saudável entendimento dos postulados que a constituem.

Transforma-se em servidor, procurando ser membro ativo e nunca apenas observador passivo, que se serve sempre, sem o espírito de cooperação que dignifica o ser humano.

Espiritizando-se, equipa-se dos instrumentos de amor e de compreensão, a fim de contribuir eficazmente em favor da sociedade melhor e mais feliz do futuro.

No período em que o Cristianismo primitivo mantinha a pulcritude dos ensinamentos de Jesus, os núcleos onde se reuniam os discípulos do Senhor eram constituídos por esses trabalhadores dedicados e fiéis que se davam ao serviço da lídima fraternidade, ensinando pelo exemplo os insuperáveis conteúdos da Mensagem libertadora.

O Espiritismo é a revivescência do Cristianismo na sua mais pura expressão, e assim sendo, não dispensa a contribuição valiosa do cooperador atento e dedicado, que se torna piloti humano de sustentação dos ensinamentos sublimes.

Desse modo, candidata-te, onde te encontres, ao serviço do bem, na condição de trabalhador voluntário, esquecido das compensações terrestres e lembrado dos deveres que deves assumir em relação ao teu despertar de consciência espírita.

Tudo quanto faças, que o faças com alegria, sem queixas, sempre feliz, de modo que todos aqueles que te recebam a presença levem algo de bom que lhes ofertes e jamais se olvidem do bem que lhes fizeste.

Se fores convocado a posturas administrativas, aos serviços humildes de limpeza ou outros quaisquer, executa-os com o mesmo entusiasmo, sem selecionar quais aqueles que são importantes em relação aos secundários. Todos os labores têm alta relevância, porque o conjunto é sempre o resultado das diversas partes que proporcionam a harmonia.

Convidado ao ministério da mediunidade, na condição de instrumento dos Espíritos, na área da consolação dos desencarnados, na aplicação de passes, na magnetização ou fluidificação da água, na condição de seu psicoterapeuta, na oratória, na elaboração de cursos e de programas, seja em que mister encontres lugar, trabalha com simplicidade e dedicação, tornando-te útil, de tal forma que, enquanto estejas reencarnado não seja notado o teu valor, mas depois da tua desencarnação sejas recordado com carinho pelo que fizeste, pelo que deixaste de ternura e de caridade...

Toda essa sementeira de serviço irá converter-se numa ceifa de luz que te transformará em vitorioso sobre as tendências negativas e os atavismos infelizes.

❖

*Vitória sobre a depressão*

Jesus é o exemplo do mais extraordinário servidor de que se tem notícia.

Não bastasse toda a Sua vida de dedicação e renúncia, de ação afetiva contínua, antes de oferecer a vida na cruz, no momento da última refeição com os discípulos, lavou-lhes os pés, a fim de que tivessem algo com Ele, ensinando como se devem portar todos aqueles que se Lhe vinculam pelos fortes laços do amor.

Servir, portanto, é a grande meta da existência de todo aquele que haure o calor e a luminosidade do Espiritismo.

Mantém-te vigilante e serve sempre!

# 21

# O RETORNO DO FILHO PRÓDIGO

Analisando-se a sábia *Parábola do Filho Pródigo,* deduz-se que o seu retorno à casa paterna tem muito a ver com a condição dos modernos espiritistas que, no passado, tomaram conhecimento da Doutrina de Jesus, e, ricos de conhecimentos, de insuperáveis bênçãos, reuniram todos os haveres do sentimento e da inteligência e partiram para as experiências dolorosas *no país longínquo* da irresponsabilidade e da insensatez.

Desperdiçaram todos os tesouros de tempo e de oportunidade, entregues ao gozo estafante e perturbador, até o momento em que se sentiram vazios e angustiados, experimentando a grande escassez de meios para prosseguir na luxúria que se abateu sobre a devastada *região* da alma.

Sem provisões morais, nem equilíbrio emocional para enfrentar as consequências das suas dissipações, não encontraram ensancha para a reabilitação e a sobrevivência, senão entre os suínos dos vícios, tornando-se mais vilipendiados, quando então pensaram na suprema Misericórdia do Pai e retornaram ao Grande Lar.

Assinalados pelas dores e pela carência de tudo, destroçados e sem condições de apresentar-se como filhos queridos, que sempre foram, expressaram toda a sua dor e miserabilidade Àquele que sempre os esperava com ternura e afabilidade.

Enquanto se justificavam pela deserção do lar paterno, pelos abusos e comportamentos insanos, o amor amparava-os, misericordioso, oferecendo-lhes os valiosos bens da compreensão e do socorro, não valorizando a sua queda nem aguardando explicações desnecessárias.

De imediato, o Pai Amantíssimo convocou os Seus servidores, a fim de que os vestissem com a túnica da dignidade, oferecendo-lhes apoio para os pés feridos e cansados, permitindo que uma grande alegria se instalasse no *Reino*, porque os perdidos agora estavam achados e aqueles que se encontravam mortos nas paixões cruéis agora estavam vivos para a Realidade.

O Seu incondicional socorro e toda a Sua assistência irritaram os *irmãos mais velhos*, aqueles Espíritos que se compraziam no mal e os assessoraram nos dias da sua alucinação que, amargurados, negavam-se a participar do banquete da Boa-nova toda feita de madrugada festiva e de esperança.

Mesmo a estes, o Pai generoso explicou que também os amava, que sempre estivera protegendo-os e compreendia o seu mal-estar, propondo-lhes, no entanto, renovação e arrependimento pelo procedimento doentio que requeria perdão e afeto.

Envolvendo os filhos perdidos em afabilidade e doçura, levou-os para as reflexões felizes da temperança, de modo que pudessem refazer as trilhas evolutivas mal percorridas e se preparassem para os futuros cometimentos da renovação moral.

Dessa maneira, reencarnaram-se na abençoada escola do Espiritismo, de modo a aproveitar os recursos iluminativos e salvar-se.

Sem qualquer dúvida, os *cristãos novos* são aqueles discípulos infiéis e desvairados que malbarataram as dádivas do amor de que Jesus Cristo se fizera mensageiro, perdendo-se no lodaçal dos interesses subalternos, trocando a luz pela treva, a alegria pelo tormento, a verdade pela impostura.

É compreensível que a sua jornada atual esteja assinalada por desafios que foram colocados por eles mesmos ao longo das experiências anteriores e agora se apresentam para ser atendidos.

Dores e aflições, solidão e carências constituem-lhes o resultado da malversação dos inestimáveis bens de que dispunham e colocaram a serviço da alucinação imediatista do gozo em detrimento da aplicação correta em favor da futura felicidade mediante o trabalho e a autodignificação.

Os ideais que iluminam as suas vidas são as lições ouvidas no lar paterno, antes do renascimento corporal que ora se lhes insculpiu no cerne do ser, transformando-se em estímulos imprescindíveis para o resgate dos erros e para a renovação dos compromissos elevados dos quais se divorciaram.

Aqueles que persistem, mesmo sob chuvas de calhaus e de desespero, estão conscientes da grave responsabilidade que lhes pesa sobre a consciência ante a sublime concessão que receberam, ganhando a dádiva do recomeço no mesmo *país longínquo*, quando este se encontra assolado *pela seca* e pela escassez de alimento espiritual para a sustentação do seu povo.

Compreendendo que os *irmãos mais velhos*, arraigados no erro e no crime, que se demoram na Erraticidade, enciumados e raivosos, espreitam-nos, sofrem-lhes o assédio, mas não desanimam, porque, a seu turno, têm para com eles uma grande dívida, que é o desamor que lhes devotaram, abandonando-os oportunamente, quando, por sua vez, necessitavam de auxílio e de compreensão.

Traídos uns, enganados outros, caluniados diversos e perseguidos na sua grande maioria, enlouqueceram de dor e, ainda magoados, recusam-se a recebê-los no coração empedernido, optando pela vingança, em que, por enquanto, se comprazem.

Não admitem ficar à margem, ao mesmo tempo que eles, os seus algozes, são recebidos em festa, e aqueles que se sentem vitimados não fruíram em todo esse tempo a alegria da convivência com os seus afetos desfeitos, nem com as esperanças perdidas...

É natural, portanto, que a jornada desses *filhos pródigos* de retorno ao proscênio terrestre seja assinalada pelos testemunhos, cabendo-lhes empenhar-se para demonstrar que, após terem *caído em si*, abraçaram novas ideias e estão dispostos a pagar o tributo pelos prejuízos que causaram aos seus irmãos hoje equivocados.

O Amor de Deus não tem limites e, por isso mesmo, é misericordioso quando a justiça deve ser implantada, é rico de compaixão quando escasseiam os meios de elevação dos calcetas, abrigando todos no Seu seio.

A ninguém faltam os instrumentos para a renovação e a autoiluminação no *país longínquo* em que se encontra.

Sem qualquer dúvida, há mais alegria no Senhor quando alguma das Suas ovelhas que se extraviou retorna ao rebanho.

Perseverando no bem em ação, esses *filhos pródigos* terminarão por sensibilizar os *irmãos mais velhos*, induzindo-os à mudança de atitude, renovando-se também.

Os júbilos serão mais auspiciosos, porque o rebanho da fraternidade estará reunido na seara do amor e da luz, trabalhando para que nunca mais ocorram a fome de paz nem a escassez de sabedoria entre os habitantes do *país longínquo*.

O retorno à *casa paterna* é sempre feito com ternura e gratidão, porquanto nenhum lugar no mundo de ilusões existe que se lhe compare à segurança e à harmonia.

# 22

# MEDIUNIDADE COM JESUS

Convocado ao labor da mediunidade espírita, dignificada pela ação da caridade, exulta e deixa-te conduzir pelos suaves zéfiros da Espiritualidade.

A mediunidade dignificada pelo conhecimento do Espiritismo transforma-se em instrumento de autoiluminação que deve ser colocado a serviço do bem geral, sem qualquer tipo de ostentação ou de vaidade.

Aquisição do Espírito ao longo do processo evolutivo, constitui um *sexto sentido* que um dia se encontrará ostensivo em todas as criaturas, facilitando a comunicação natural e abençoada com a Erraticidade, de onde procedem, assim como o conhecimento e as elevadas expressões do amor.

Muitas vezes, assinalada por transtornos de conduta, faculta a oportunidade de recuperação moral do seu portador em relação àqueles aos quais prejudicou em existências transatas e que reaparecem na condição de cobradores dos débitos morais contraídos em relação a eles.

Nada obstante, o fenômeno constitui, por outro lado, mecanismo de aprimoramento da faculdade, ensejando, na terapia desobsessiva, maior dilatação da sensibilidade do paciente, ao mesmo tempo que lhe proporciona indispensáveis experiências de humildade, paciência e resignação.

Mesmo quando se trata de mediunidade com requisitos missionários, o fenômeno enseja a comunhão com diversos Espíritos, especialmente com aqueles que são inamistosos e ainda se comprazem, em face da ignorância em que se demoram, em perturbar e afligir, produzindo desconforto e sofrimento.

Considerando-se, no entanto, a função psicoterapêutica de que se reveste a mediunidade educada, nesses confrontos o encarnado aprende a exercer a compaixão e a caridade para com os desencarnados, proporcionando-lhes o conhecimento libertador de que necessitam, em razão dos sentimentos inferiores que agasalham.

A faculdade mediúnica é do Espírito, que o corpo reveste de células a fim de facultar a decodificação das mensagens que procedem do Mundo espiritual.

À semelhança da inteligência, radica-se em essência no ser que se é, exteriorizando-se através do cérebro e dos equipamentos que constituem o sistema endocrínico e o nervoso central...

É bênção de que se utiliza o Senhor da Vida para comprovar a imortalidade da alma, oferecer a visão correta das paisagens espirituais além das fronteiras de cinza e lama do corpo físico, e formoso campo de serviço fraternal de auxílios recíprocos.

Cabe ao indivíduo que a identifica, através de variadas manifestações emocionais e físicas pelas quais se expressa, buscar-lhe estudar através de *O Livro dos Médiuns*, de Allan Kardec, que é um verdadeiro manancial de instruções e diretrizes seguras para a sua vivência.

Manter-se na ignorância em torno da sua finalidade, é um risco a que se expõe, porquanto o seu desconhecimento não lhe bloqueia o campo de comunicação, tornando-se instrumento involuntário das Entidades infelizes e perturbadoras.

Identificando a faculdade mediúnica no teu comportamento, não postergues, sob qualquer pretexto, a responsabilidade de educá-la.

Liberta-te dos preconceitos a que te aferras e mergulha o psiquismo na sua radiosa concessão, entregando-te à tarefa que te está destinada a desempenhar durante a romagem carnal.

Muitas pessoas assumem comportamentos infantis, lamentando a ocorrência e desejando ignorá-la, como se, dessa maneira, pudessem modificar a própria estrutura psíquica e a instrumentalidade orgânica.

Outras procuram mecanismos de fuga, esclarecendo que não desejam *perder a vida* com esse tipo de atividade, antes gostariam de desfrutar dos formosos tesouros da existência para o banquete do prazer.

Muitos outros comportamentos do mesmo gênero demonstram a infantilidade em que estagiam, sem dar-se conta da excelente oportunidade de crescimento intelecto--moral e de serviço iluminativo que podem realizar.

Em face da ignorância em torno da sua missão especial, que é a mediunidade a serviço do bem, busca-se utilizá-la com finalidades injustificáveis, na ilusão de que se trata de um instrumento para benefícios materiais, privilegiando aqueles que são mais astutos em detrimento da sociedade como um todo.

Esperam milagres de ocasião, solução dos problemas que criaram e não desejam equacionar com esforço, transferindo para os Espíritos as tarefas que lhes dizem respeito, ou mesmo a conquista de recursos privilegiados que esperam fruir...

Em muitos períodos da história da Humanidade foi confundida com prodígio e graça, ou em razão dos conflitos e tormentos de muitos religiosos, com pactos malignos com entidades demoníacas, sendo punidos os médiuns com terríveis aflições.

Felizmente, na atualidade, desfrutando de respeito pelos inestimáveis serviços que vem prestando à sociedade, torna-se conhecida como uma faculdade paranormal, que enseja alegria de viver, facultando saúde e doce encantamento em torno da imortalidade da alma, enriquecendo as pessoas de esperança em torno do reencontro com os seres queridos que as anteciparam na inevitável jornada de volta...

Exercer a mediunidade com júbilo e desprendimento constitui a proposta iluminativa do Espiritismo, convidando os seus portadores à perfeita integração nos labores da caridade que se expande em favor do mundo melhor do porvir.

Se te encontras assinalado pelas bênçãos da mediunidade, trabalha-te interiormente, treinando simplicidade do coração e humildade de conduta, a fim de atraíres os Espíritos nobres que te amam e aguardam o momento de utilizar-te em nome de Jesus, construindo a nova era.

Não te deixes confundir pelas opiniões desencontradas que enxameiam em toda parte a respeito da mediunidade e dos médiuns, procurando as fontes da Doutrina Espírita para esclarecer-te e o Evangelho de Jesus para tomar como roteiro de conduta.

Aquele que é portador de mediunidade ostensiva deve conduzir-se com equilíbrio constante, porquanto a faculdade encontra-se receptiva em todo momento, onde quer que se encontre, e não somente durante as atividades específicas.

Procura fazer silêncio interior, a fim de *ouvir* os numes tutelares que te amam e desejam ampliar o círculo da afetividade com as demais criaturas da Terra.

Tens, como modelo, Jesus, que foi o excelente Médium de Deus em todos os momentos, deixando-nos o legado de amor e de caridade com que até hoje o mundo se encontra enriquecido.

# 23

# O SOFRIMENTO PURIFICADOR

Para onde te voltes, encontrarás vitorioso o sofrimento em atividade, lapidando as criaturas humanas.

Na transitoriedade carnal, ninguém consegue evitá-lo, passando como exceção.

O fato de alguém ser possuidor de expressiva fortuna caracterizada por múltiplas propriedades em cidades famosas, iates, automóveis de altíssimo preço, mansões faustosas, joias e investimentos volumosos não o torna indene ao sofrimento.

Ele sempre se apresenta de maneira surpreendente, ora em forma de angústia e solidão interior, como de vazio existencial, tanto quanto de enfermidades degenerativas cruéis.

Algumas vezes, manifesta-se como distúrbios de conduta ou transtornos psiquiátricos mais graves, avançando para a desencarnação, isto porque ninguém consegue evitar o fenômeno da desagregação biológica...

Quando essa passa por um lar, deixa as marcas profundas da sua mensagem de desespero e de separação física, não mais permitindo os júbilos e as expectativas de antes.

Muitas pessoas apresentam-se sorridentes e triunfantes, embora carreguem o coração preso de incertezas e de conflitos tormentosos.

A grande maioria das criaturas é constituída por aqueles que padecem os rudes sofrimentos da fome, do abandono, das injustiças sociais, das doenças que se desenvolvem na promiscuidade e na miséria moral e econômica.

Incontável número de outras já renasce com as marcas expiatórias em processos de reajustamento impostos pelas divinas leis, nos mais diferentes lares, ricos ou miseráveis, ou fora deles, ao abandono das ruas...

O sofrimento também se apresenta nos animais, nossos irmãos menores na escala da evolução, nas plantas, embora não se caracterize, nessas últimas, em forma de dor, por falta do sistema nervoso e dos órgãos cerebrais...

Tudo isso porque o sofrimento é um escultor que trabalha a ganga que envolve o Espírito nas diversas fases em que se encontra, a fim de arrancar-lhe do íntimo o anjo adormecido que um dia se alará na direção do infinito, pleno de paz e de felicidade.

Não estranhes, portanto, a cantilena triste e inevitável do sofrimento, num canto coral de aflições e lamentos que entristece as belas paisagens terrestres.

Ele significa o estágio inferior em que ainda se encontram os habitantes do abençoado planeta que passa, neste momento, pela grande transição, arrebentando as antigas algemas que os aprisionavam às paixões servis e agora se desfazem, para transformar-se em asas simbólicas para o grande voo da liberdade plena.

❖

*Vitória sobre a depressão*

O sofrimento é um mal que faz bem. Sem ele, o ser humano ainda estaria nas fases mais grosseiras do seu desenvolvimento antropossociopsicológico, sem o equilíbrio necessário para os enfrentamentos do processo da evolução.

Tem sido ele que o vem arrastando, às vezes, de maneira penosa, pelo caminho da ascensão intelecto-moral, em cujo patamar se encontra.

Nada obstante, quanto evoluído se encontra o ser, mais sensível se torna ao sofrimento.

A diferença entre o sofrimento do bruto e do esteta, do ser primitivo e daquele que se encontra em nobre estágio de evolução é a maneira como cada qual enfrenta o impositivo do sofrimento. Os primeiros estorcegam na aflição, rebelam-se, agridem de maneira incoerente até serem submetidos ao talante da circunstância, quais metais vigorosos que o fogo em alta temperatura consegue moldar, enquanto os outros lhe são dóceis à voz, compreendem-lhe a finalidade, aceitam-no, tornando-se menos tristes.

Lúcidos quanto à sua função, submetem-se-lhe de forma jovial, quase alegres, porque sabem que tudo que lhes acontece tem uma razão de ser e é sempre para o seu bem, não importando a maneira como se expresse.

Muitos indivíduos parecem portadores da felicidade sem jaça, transitando no mundo como poderosos na política, na economia, nas ciências, nas artes, nas filosofias existenciais, nas religiões, no materialismo... Em realidade, apenas parecem, mas não o são, porque a *felicidade não é deste mundo,* embora a alegria, sim. Os sorrisos em público, a algazarra que fazem na convivência social transformam-se em carantonha na solidão, em amargura silenciosa quando a sós... É natural que disfarcem o que experimentam no mundo íntimo e o que apresentam exteriormente, porque o seu êxito momentâneo depende da maneira como conquistam admiradores, adversários, competidores...

Não te deprimas, quando o *Irmão sofrimento* passar a habitar a tua casa mental ou abraçar-te a emoção ou o corpo cansado e dorido.

Considera que todos os seres sencientes experimentam-no em diferentes graus, indispensáveis ao seu desenvolvimento.

Reflexiona em torno da mensagem que ele te oferece e procura introjetá-la de modo que se transforme em sendeiro de luz no teu mundo íntimo.

Tentado ao desespero, que não o resolve, pelo contrário, mais o agrava, convive com ele, diluindo-o na esperança e trabalhando-lhe a estrutura de que se reveste, a fim de o superares.

Ninguém consegue alcançar os pináculos de um monte sem passar pelos pedrouços da sua base.

A existência terrestre é uma viagem que parte da sombra na direção da luz.

Assim, avança, passo a passo, na direção da claridade diamantina do Amor, em cujo seio se diluem todas as aflições.

Assinalado por sofrimentos complexos e tormentosos, harmoniza-te com a esperança da libertação, rejubilando-te pela oportunidade de resgatar velhos compromissos infelizes que se encontravam em aberto na tua contabilidade moral.

Jesus, o exemplo máximo que se conhece, não se permitiu viver sem a presença do anjo-sofrimento.

Embora toda a Sua vida fosse um poema de beleza e de exaltação à Vida, também o foi de testemunhos de amor, de fidelidade ao Bem, de perseverança nos propósitos que O trouxeram à Terra.

Se não experimentou as enfermidades dilaceradoras, nem os transtornos de vária ordem, que assinalam as criaturas humanas, experimentou a incompreensão, a perversidade, a ingratidão e o abandono daqueles aos quais muito amava... E permaneceu fiel, devotado ao rebanho que elegeu e que tentou reunir, para conduzi-lo na direção do Reino de Deus.

# 24

# SILÊNCIO PERTURBADOR

A ignorância da sociedade contemporânea a respeito da Vida espiritual surpreende, exatamente por causa dos altos níveis de conhecimento científico e tecnológico logrados, assim como daqueles que dizem respeito à comunicação virtual.

Os grandes veículos de divulgação da mídia mantêm um silêncio constrangedor em torno da imortalidade do espírito e da realidade da vida Além-túmulo.

Excepcionalmente, uma ou outra notícia surpreende os indivíduos, que ficam fascinados, seja por tomarem conhecimento de películas sobre fenômenos mediúnicos ou de reencarnação, seja por apresentação deles em novelas e em espetáculos de teatro, dando a dimensão formosa do ser transpessoal e da imortalidade, surgindo, porém, explicações disparatadas, sem nenhuma consulta séria à Doutrina Espírita, que dispõe dos recursos hábeis para os esclarecimentos indispensáveis.

Pessoas inabilitadas são interrogadas, contumazes adversários do Espiritismo são convidados a opinar, resultando em uma babel de informações incorretas, que mais confundem os interessados do que os esclarecem.

Noutras ocasiões, quando se realizam eventos de magnitude promovidos pelo Movimento Espírita, com admiráveis possibilidades de iluminação de consciências, convidada, a imprensa nega-se a participar deles ou noticia em pequeno espaço o acontecimento, mantendo um silêncio injustificável a respeito daquela promoção, aplicando, no entanto, volumoso material para a divulgação de crimes e vulgaridades perniciosas.

Muitas vezes, notícias esdrúxulas, heranças do misticismo e da desinformação, aparecem na mídia apresentando o Espiritismo como uma doutrina de bruxaria e de superstições, rica de fantasias e absurdos.

Aqueles que assim se comportam negam-se a ler as páginas iluminativas da Codificação do Espiritismo, comprazendo-se em manter as ideias infelizes, distantes de qualquer comportamento ético e digno em relação ao povo.

Felizmente, os *Espíritos sopram onde querem,* e ninguém os pode impedir de fazê-lo, comunicando-se em todos os segmentos sociais, produzindo fenômenos específicos que convidam à reflexão e ao estudo.

Acontecimentos inesperados, desencarnação de seres queridos, transtornos obsessivos numerosos, angústias que tomam conta de muitas emoções, distúrbios de comportamento não regularizados pelas psicoterapias especializadas convocam à observação a respeito da paranormalidade humana, da mediunidade, das comunicações espirituais...

Todos vivem em um universo de ondas e mentes, mergulhados em vibrações compatíveis com o seu nível de desenvolvimento moral e mental, sintonizando com os semelhantes que lhes propiciam bem ou mal-estar.

Mesmo ante a má vontade dos multiplicadores de opinião, os Espíritos chamam a atenção e contribuem para a divulgação dos ideais de beleza, de enobrecimento, de felicidade.

Cabe aos espíritas conscientes das suas responsabilidades a inadiável tarefa de promover a Doutrina Espírita em toda parte onde se encontrem, utilizando-se de maneira eficiente e nobre dos excelentes recursos da mídia em todos os seus aspectos, a fim de torná-la conhecida.

Dentre outros, a Internet constitui-se num poderoso veículo de informação ao alcance de milhões de pessoas que navegam pelas suas ondas virtuais, tomando conhecimento do que se passa pelo mundo e do que ocorre no imo das demais criaturas.

Lamentavelmente, muitos companheiros de lutas, interessados em servir, embora desequipados do conhecimento doutrinário, apresentam páginas que não retratam com fidelidade a grandeza da Codificação do Espiritismo, expondo ideias pessoais, nem sempre honoráveis, transmitindo informações mediúnicas que carecem de legitimidade, mais interessados na autopromoção do que na divulgação espírita.

Igualmente, outras páginas são apresentadas para censurar, denegrir, acusar, referindo-se aos erros de uns e de outros confrades, em terrível atividade de desmoralização, distante dos compromissos assumidos com o conhecimento espírita. Lamentavelmente, lançam calúnias e interpretações equivocadas, como se experimentassem grande prazer em difamar e afligir os corações que se encontram em esforço íntimo para tornar-se melhores.

Quando se sentem no dever de *defender* a Doutrina Espírita, que dispensa esses novos *Quixotes,* porque ela paira acima dos indivíduos bons e maus, ao invés de se dirigirem àqueles que são os responsáveis pela informação problemática, primeiro lançam o seu nome no rio da crueldade, de forma que o fermento da maldade se propague sem nenhum benefício para a claridade doutrinária do Espiritismo.

Mensagens apocalípticas são apresentadas com datas previstas para a destruição do planeta, em verdadeiros projetos de apavoramento das criaturas, em nome de revelações destituídas de autenticidade.

Existe muito sofrimento na Terra, esperando orientação e consolo, terapia e libertação.

O Espiritismo é *O Consolador,* sem dúvida, que Jesus prometeu. Veio para enxugar lágrimas, mas sobretudo para erradicar a causa das lágrimas, orientando as pessoas e promovendo-as, de modo que evitem comprometimentos negativos e comportamentos insensatos.

Os livros que constituem a Codificação possuem um inesgotável manancial de luzes e de sabedoria, que deve ser oferecido aos sedentos pelos caminhos da evolução.

Transcrevê-los, colocando-os ao alcance dos internautas e de todas as pessoas, é compromisso com a verdade que não pode ser esquecido, nem sequer postergado.

O momento de divulgar a imortalidade da alma e a Justiça Divina através da reencarnação é agora.

O mundo está repleto de acusadores, de cruéis censores, de discutidores perversos e vazio de servidores do bem e da caridade.

*Vitória sobre a depressão*

Une-te a esses poucos trabalhadores da seara de luz que é oferecida pelo Mestre de Nazaré, fazendo da tua existência um exemplo de dignidade que haures no Espiritismo, e divulgando-o por todas as maneiras possíveis, porque há muita ignorância necessitada de esclarecimento e muito sofrimento aguardando libertação.

O Espiritismo é a luz que não pode ficar sob o alqueire, mas deve ser colocada no velador para que esparza sua claridade por toda parte.

# 25

# OCORRÊNCIAS AFLITIVAS

Na existência de todas as criaturas sempre surgem momentos de grande aflição, convidando à reflexão, à análise dos objetivos reais da viagem corporal.

Considerando-se o grave significado existencial do ser humano, que é conseguir a iluminação interior através das experiências evolutivas, todo um conjunto de acontecimentos faz parte da programática estabelecida pelas Soberanas Leis da Vida.

À medida que o indivíduo alcança o patamar da razão e desenvolve a sensibilidade emocional e afetiva, mais desafiadoras se lhe tornam as ocorrências, em razão da capacidade para sofrê-las.

É natural, portanto, que em cada fase do processo de crescimento espiritual experimente determinadas aflições que fazem parte do seu mecanismo de superação das injunções primárias, proporcionando-lhe mais recursos que lhe facultam o entendimento dos valores legítimos que devem ser cultivados.

Remanescendo das experiências de vivências pregressas, as dores surpreendem o viandante espiritual, advertindo-o quanto à responsabilidade que deve ser preservada, a fim de melhor entender os fenômenos da vida, graças aos quais supera as injunções penosas e lentamente conquista a harmonia.

Periodicamente, enfermidades infectocontagiosas com caráter epidêmico irrompem voluptuosas, semeando preocupação e contaminando milhões de vidas, milhares das quais são ceifadas entre angústias e dores superlativas...

Sucede que o *planeta de provas e de expiações* é hospital-escola ainda assinalado pela presença do sofrimento, que se apresenta como calamidades, fenômenos destrutivos, abandono e angústias...

De alguma forma, as próprias criaturas que o habitam são responsáveis por tais agentes destruidores, em face das suas construções mentais, das fixações inferiores em que se demoram, cultivando emoções negativas que favorecem a proliferação dos vírus, cada vez mais resistentes e portadores da faculdade de mutação.

Compreendesse o ser humano a grandeza do intercâmbio das forças mentais, o poder das energias de que se constitui, e as utilizaria de maneira edificante, ao invés de direcioná-las, mesmo que inconscientemente, para fins ignóbeis.

Cada criatura é, na realidade, aquilo que cultiva na casa mental. Os seus ideais de enobrecimento ou de degradação levam-no às faixas vibratórias nas quais haurem as energias correspondentes às cargas emitidas.

Não foi por outra razão que Jesus anunciou: *Tudo que pedirdes a meu Pai, orando, Ele vos concederá,* demonstrando que a plena sintonia com a poderosa Fonte da vida produz uma correspondência entre aquele que ora e o Genitor Divino.

Cultivar, portanto, os pensamentos edificantes, procurando viver de maneira compatível com os objetivos superiores da vida, é dever de todo aquele que anela pela saúde, pela paz, pela felicidade.

O processo de crescimento espiritual é realizado dentro de uma programação elaborada pelo Excelso Pai.

Passo a passo, conquistam-se etapas ascensionais que promovem o ser, ensejando-lhe mais ampla compreensão da existência e dos seus incomparáveis recursos de iluminação da consciência.

É compreensível que, estando em um mundo organizado conforme as leis da matéria, que se altera com frequência, continuamente estão ocorrendo mudanças de estrutura, que ao serem captadas podem apresentar-se como fenômenos destrutivos na forma, aflitivos no conteúdo, desesperadores na maneira como se expressam, sempre, porém, com finalidade de promoção do Espírito encarnado.

Não devem, portanto, constituir surpresa as chamadas calamidades sísmicas, as lamentáveis ocorrências de destruição, que sempre trabalham para as modificações necessárias que a Lei de Progresso impõe.

Afetando o indivíduo através do sofrimento, predispõe-no à humildade, à compreensão da sua pequenez ante a grandiosidade do Universo, ao mesmo tempo enriquecendo-o de alegria pela faculdade de entender a transitoriedade de que se reveste, como preâmbulo para as inefáveis alegrias que o aguardam.

A Lei de Destruição é lei da vida, funcionando com rigor, sob diretrizes de edificação do bem e da harmonia que serão alcançados oportunamente.

Colocado no contexto pela necessidade da reencarnação, o Espírito aprimora-se, aprendendo a comportar-se em todas as circunstâncias, adaptando-se a cada fase e superando-a, mediante as aplicações das conquistas mentais e morais que o felicitam.

Quanto mais evolui, mais entende as provações, não se permitindo perturbar pela sua ocorrência, antes as louvando, por tratar-se de metodologias que lhe proporcionam a libertação do cárcere material, bem como das suas injunções dolorosas, que são as paixões primitivas.

Nos processos mais rigorosos das expiações, o calceta é constrangido à autorreflexão, nos presídios da organização fisiológica, não se podendo evadir enquanto a consciência não desperte para as responsabilidades que lhe dizem respeito e que lhe cabe necessariamente cultivá-las.

Porque se trata de impositivos das Leis Soberanas da Vida, ninguém que transite no mundo conseguirá viver em regime privilegiado de exceção.

Desse modo, nenhuma aflição alcança as paisagens emocionais e mentais do ser humano em decorrência de fenômenos fortuitos, por imposição do acaso.

O *acaso* é o nome que se dá a um processo elaborado com segurança e sabedoria, a fim de que ocorra no momento próprio, na circunstância exata, com a pessoa elegida.

Não te permitas amarfanhar emocionalmente, quando convidado a experienciar as ocorrências aflitivas.

Recorda-te de Jesus, o *Guia e Modelo* para a Humanidade, sem culpa nem qualquer motivo que se possa apresentar como justificativa para as ocorrências dolorosas que O visitaram, e que Ele esperava com tranquilidade e amor, n'Ele encontrando forças morais para prosseguir com alegria no desempenho das tuas tarefas de elevação.

Não te arrogues, desse modo, direitos e privilégios, que os não tens, por enquanto, submetendo-te aos desígnios da evolução, encorajado e feliz pela oportunidade de ascensão e de paz.

# 26

# CONQUISTA DE SENTIDO EXISTENCIAL

Pode-se sintetizar o comportamento humano em três atitudes existenciais: na miséria, na produtividade e no ócio.

A miséria pode expressar-se sob vários aspectos, embora seja vista como aquela exclusivamente de natureza econômica, na qual o ser estorcega em carências superlativas, experimentando fome, sede, frio e enfermidades afligentes quão devastadoras.

Existe, também, a miséria de ordem moral, aquela que se expressa através da perda dos valores éticos, empurrando para os abismos da degradação espiritual, da perda de dignidade e de consciência.

Pode ser detectada em todos os segmentos sociais, não elegendo apenas os desafortunados que chafurdam nas linhas abaixo da pobreza.

Doença da alma, arrebata as suas vítimas e as empurra para os vícios, os crimes de toda denominação, as condutas escabrosas...

Também é encontrada na área mental, caracterizando diversos tipos de alienação que produzem transtornos profundos na razão e na consciência.

A produtividade, por sua vez, abarca a grande massa dos que trabalham, que aspiram a melhores condições existenciais, amealhando valores morais, intelectuais e econômicos com que edificam os lares, constroem as famílias e promovem a sociedade.

Representa o grupo humano que se afadiga por melhores condições de vida e se empenha pela mudança dos padrões socioeconômicos existentes, propondo novas condutas de bem-estar e relacionamentos edificantes entre as criaturas por intermédio do trabalho profícuo.

É um movimento contínuo de crescimento tecnológico e científico, ao mesmo tempo de manutenção dos recursos de preservação da vida em regime de harmonia e de conforto, alterando a paisagem do sofrimento mediante a contribuição dos tesouros que são investidos na saúde, na educação, na cultura, na recreação e na promoção do ser humano.

Constitui a formosa classe laboriosa, desde as mais humildes e úteis até as denominadas como de executivos, administradores e especialistas na condução de empresas e governos de instituições e de países que avançam no rumo da prosperidade.

Todo indivíduo que trabalha estimulado pelo anseio de independência movimenta-se com segurança na busca dos elevados objetivos que cultiva em relação à própria como às existências que se lhe vinculam.

Por fim, o volumoso número daqueles que transitam no ócio, saturados das comodidades em excesso, da bajulação enganosa, da facilidade com que fruem os prazeres que, por mais se renovem, não preenchem o vazio existencial.

Assinalando algumas dessas condutas, chega-se ao estresse, ao cansaço perturbador que desvariam e infelicitam.

Aturdidos, os primeiros e os últimos perderam o sentido existencial, o significado psicológico da vida.

Tornam-se cadáveres que respiram, quando não se deixam devorar por aflições descontroladas.

Toda vida tem um sentido especial, um objetivo de evolução.

Buscar identificá-lo, eis a meta inicial do ser humano, a fim de integrar-se no concerto da sociedade progressista.

Não importa se esse significado é de grande ou de pequena importância. O essencial é que produza estímulo para a luta e desenvolva o esforço para superar as injunções provocacionais em que se encontra.

No caso do ócio, os recursos que se podem movimentar em favor da solidariedade são de relevância para a volta à ação dignificadora.

Estimulado a auxiliar, o indivíduo descobre-se útil e capaz de produzir em área diferente daquela que o levou a amealhar ou fruir as heranças milionárias em que se locupleta.

A vida na Terra é uma experiência rica de sentido e de significado, porque, não se encerrando no túmulo, descerra painéis de intemporalidade, de imortalidade. Nesse curso, as experiências em cada etapa dos renascimentos físicos desenham as ocorrências que serão enfrentadas no futuro.

Comenta-se com alguma segurança a respeito do pão para a vida como imprescindível para a existência humana. Todavia, mais do que de pão se necessita para bem viver-se. Enquanto o alimento material mantém o corpo, o significado existencial conduz o Espírito, dá-lhe impulsos fortes para o crescimento, para a conquista da sua realidade, do seu bem-estar.

A miséria, de qualquer espécie, resulta sempre da inobservância das Leis de Deus, da insubordinação aos códigos do dever em relação à vida.

Desse modo, a miséria propõe o significado da reabilitação, da reconquista da consciência moral. Através do sofrimento, que decorre da escassez de recursos, o ser deve compreender que se encontra em processo de recuperação moral, adquirindo experiências e valores íntimos para a autossuperação, para a vitória sobre as circunstâncias em que se depara.

Nos outros comportamentos a Lei de Progresso proporciona o desenvolvimento espiritual pela ação produtiva, pela aplicação dos recursos da vida em favor da justiça social, da harmonia entre as criaturas, do crescimento das comunidades atrasadas e dos grupos humanos em sofrimento.

O ócio degradante é estágio doentio da evolução que estaciona, dando lugar ao amolecimento do caráter e a graves outros transtornos para o futuro do aprendiz.

A conquista de sentido existencial é proposta de Jesus, quando afirmou, enfático: – (...) *Meu Pai trabalha até agora, e eu trabalho também.* (João, 5-17)

*Vitória sobre a depressão*

Incisivo, Ele propôs a ação edificante para todas as criaturas, sem qualquer distinção, de modo que a existência transcorra útil e saudável para o indivíduo e a sociedade que se promove com seu esforço.

Descobre, desse modo, o significado da tua existência em paz, evitando o tumulto que estressa e a abastança que produz o tédio enfermiço.

Olha em teu derredor e age, acendendo a chama do entusiasmo íntimo, sustentado pelo combustível do dever que te induz ao amor a Deus, ao próximo e a ti mesmo, com as bênçãos da saúde, sem qualquer transtorno emocional.

# 27

# ENFERMIDADES

Agradece as bênçãos da saúde que te faculta laborar com eficiência, ampliando-te os horizontes do desenvolvimento intelecto-moral.

Uma organização fisiológica saudável é bem de valor inestimável que deve ser preservado a qualquer sacrifício. Para que o logres, faz-se indispensável o balanço harmônico entre o espírito e a matéria, o que equivale dizer, entre a mente e o corpo.

És tudo quanto elaboras mentalmente e vivencias nas internas paisagens do ser profundo.

Aquilo que cultivas interiormente condensa-se nos arquipélagos celulares, produzindo os efeitos correspondentes.

No curso largo da evolução antropossociopsicológica a desnecessidade de alguma função eliminou o órgão que a produzia, substituindo-o por outro mais eficiente e delicado, no que têm resultado as admiráveis conquistas do sentimento e da emoção. Dos instintos primevos à razão, e desta à consciência, a vida investiu grandiosos valores que o Espírito consegue mediante esforço de depuração. À sensibilidade vegetal, a sensação animal em caminho da emoção humana, como um passo avançado no rumo da intuição, e logo, da sublimação espiritual.

Saúde, portanto, é bem-estar, harmonia psicofísica, equilíbrio dos sentimentos e dos anseios.

Nada obstante, periodicamente ocorrem desajustes na maquinaria, que necessitam ser corrigidos na sua fonte de origem.

Em face das admiráveis conquistas da Ciência médica, farmacológica e da tecnologia de ponta, já é possível reequilibrar diversos fatores de perturbação orgânica geradores das enfermidades, corrigindo o ritmo da mitose celular. Nada obstante, o sistema imunológico prossegue como o grande defensor da excelente organização em relação aos agentes externos destrutivos.

Para a sua preservação torna-se inevitável o contributo mental, de modo a lhe serem facultados os hábeis recursos para as lutas ingentes e contínuas a que se encontra submetido.

Vibrações delicadas interferem nos campos celulares, proporcionando-lhes vitalização ou desgaste, defesas ou perdas...

Em todo esse conjunto se manifestam as heranças espirituais que procedem das existências passadas, que foram responsáveis pela formação dos equipamentos de que se constituem os glóbulos brancos, assim como as hemácias e demais órgãos. No fenômeno da fagocitose, por exemplo, as energias da mente oferecem os recursos para que os defensores sejam protegidos ou vencidos na luta contra os agressores de fora...

Enfermidade, portanto, é resultado de comportamentos incorretos que favorecem a distonia emocional com as suas consequências perniciosas.

Ademais, o corpo, na sua constante transformação, é perecível, encontrando-se, portanto, em processo contínuo de mudanças, e cada uma das peças que o constituem apresenta-se dentro de um prazo de ação útil, logo substituída em mecanismo de automático funcionamento.

As enfermidades fazem parte da programação natural da vida.

À exceção das expiações mais confrangedoras, os processos de envelhecimento orgânico acompanhados das carências de energia facultam a manifestação de muitas doenças que fazem parte das necessidades evolutivas do Espírito.

Na sua condição de veste transitória, a matéria é a forma que conserva as marcas inscritas no periespírito em decorrência das atitudes morais e comportamentais transatas. Em consequência, momento chega em que essas matrizes abrem o seu sacrário e liberam os impositivos depuradores dos erros, expressando-se, não raro, em enfermidades de diagnóstico difícil e complexo, em doenças degenerativas irreversíveis, em transtornos neuróticos e psicóticos variados, sempre de acordo com as necessidades evolutivas do ser.

Ao mesmo tempo, as pesadas cargas morais negativas facultam a interferência de inimigos desencarnados que se imantam psiquicamente àqueles que anteriormente os infelicitaram, em lamentável processo de cobrança, dando lugar ao surgimento de obsessões espirituais e de doenças simulacros.

À medida que o tempo transcorre, em razão da incidência das emissões das ondas mentais destrutivas do agente infeliz sobre os delicados tecidos orgânicos da sua vítima, os mesmos podem sofrer danos, que se convertem em campo propício à instalação de micro-organismos deletérios, ensejando a presença de enfermidades de vária etiologia.

Muitos problemas na área da saúde, porém, são decorrência da intemperança humana, dos hábitos viciosos, da alimentação desorientada, do abuso das forças e da aplicação descontrolada das energias.

Igualmente, os costumes permissivos, o abuso da ingestão de bebidas alcoólicas, o tabagismo, a sexolatria, as drogas aditivas são de relevante importância para o surgimento de muitas doenças.

Descuidos com o corpo respondem sempre por equivalentes distúrbios que podem ser evitados mediante o zelo que se lhe deve dedicar, dever a todos imposto pelas Leis da Vida.

Ninguém abusa das divinas concessões sem incorrer em graves compromissos, que passam a conduzir até o momento em que se lhe anuncia a liberação por meio dos sofrimentos de uma ou de outra natureza.

O processo de crescimento pessoal é inadiável e intransferível. Ninguém é convidado a responder por problemas que lhe não dizem respeito. Todos aqueles que experimentam doenças e desafios de qualquer natureza encontram-se colhendo a insensatez que semearam oportunamente.

Em realidade, não existem vítimas, porque todos são responsáveis pela sua semententeira...

Os biógrafos de Jesus nunca se referiram que Ele houvesse adoecido, experimentado transtornos emocionais ou psíquicos, por *ser perfeito como o Pai é perfeito.*

*Vitória sobre a depressão*

A busca, portanto, da saúde é o caminho para a perfeição relativa que a todos está destinada.

Deter-se na lamentação ou na revolta, no ressentimento ou na amargura, constitui demonstração de inferioridade que o sofrimento se encarregará de modificar, ensejando renovação interior de onde surgirão os fatores para o equilíbrio e a felicidade.

# 28

# FÉ RACIOCINADA E COMPORTAMENTO

A grandeza da fé raciocinada encontra-se na lógica dos seus postulados, na segurança dos seus conteúdos, na tranquilidade que proporciona ao indivíduo.

Fruto da análise e da razão, é portadora de uma estrutura profunda, caracterizada pela total liberdade em relação às crenças anteriores e às imposições da violência fanática do passado.

Nada obstante, remanescem em muitos indivíduos que a adotam vínculos com a cegueira ancestral que os condicionam a acreditar de uma forma e conduzir-se de outra.

Toda vez, quando alguma vicissitude os surpreende, o hábito da submissão e do medo toma-os, neles impondo comportamentos estranhos e perturbadores.

Enquanto teorizam, apresentam-se fortes e confiantes em relação aos fenômenos existenciais. No entanto, quando convidados ao testemunho que lhes qualifica o estado interior, partem na direção de soluções miraculosas, teimando em não aceitar a ocorrência, como se possuíssem privilégios perante os códigos da vida que os imunizassem para não vivenciar essas situações.

Bloqueiam a lógica e aturdem-se, exatamente quando deveriam estar equipados de compreensão para o enfrentamento dinâmico pelo qual superariam a ocorrência e encontrariam estímulos para o prosseguimento feliz na vilegiatura carnal. São muitos aqueles que, tocados pela necessidade de testemunhar a qualidade da sua fé raciocinada, apresentam-se tristes, como se o sofrimento fosse elaborado exclusivamente para os outros, olvidados de que também eles são *os outros* para outros observadores...

Abandonam posturas de aparente equilíbrio, desanimando e elucidando que se sentem esquecidos pelos guias espirituais, que teriam a função de os acolher nessa hora, evitando que experimentassem o cadinho purificador do exemplo.

Não havendo o amadurecimento psicológico necessário à sabedoria, permanecem na condição de crianças malcriadas, que se irritam com as ocorrências de pequena monta, entregando-se ao desespero, em vez de assumirem a responsabilidade das realizações libertadoras.

Em realidade, esses indivíduos não lograram penetrar na lógica, por exemplo, do Espiritismo, que não dispõe do recurso milagroso para gerar eleitos em detrimento dos demais, nos diversos grupos sociais. A sua função é a de iluminar a consciência para melhor entender os objetivos essenciais da existência e, compreendendo a *Lei de Causa e Efeito,* comportar-se de maneira que novas sementeiras proporcionem futuras colheitas melhores do que as que ora se apresentam no seu caminho.

O Espiritismo é uma doutrina que tem por meta primordial a introjeção dos seus postulados no íntimo do ser humano, de forma que constituam roteiro de segurança para os momentos tempestuosos da existência corporal.

Encontrarás estudiosos da fé raciocinada, que facilmente se deslumbram com os seus conteúdos, mas interiormente se acreditam merecedores de benefícios especiais que os predisponham a uma jornada sem qualquer tipo de tribulação ou de dificuldade.

Serás solicitado a explicar muitas vezes, por que determinados acontecimentos dolorosos tiveram lugar no caminho das pessoas dedicadas, quando outras, até mesmo perversas, não os experimentam.

Defrontarás pessoas aparentemente esclarecidas que te inquirirão a respeito do infortúnio que as abraça, quando desejam mais servir, ou por que se sentem interrompidas nas realizações edificantes a que se afervoram.

(...) Não compreenderam ainda que as Leis Divinas são as mesmas para todos, embora a sua interpretação varie de acordo com o grau de entendimento racional e emocional de cada um.

Caso houvessem compreendido os ensinamentos exarados na Codificação Kardequiana e estariam equipados de valores para as formosas lutas a que todos os Espíritos são submetidos durante o processo de evolução, olvidando-se que privilégio é herança macabra do personalismo arbitrário que se elege como seu credor em detrimento do esforço de autoiluminação.

Quando o comportamento não corresponde às convicções que são esposadas, vive-se uma farsa que decorre do jogo vaidoso da personalidade que se exibe, olvidada do ser profundo que se é, sem a conveniente estrutura de coragem e de valor moral.

Conscientiza-te de que, pelo fato de possuíres a fé espírita que deves divulgar por toda parte, não te encontras imune aos fenômenos do sofrimento que imprimem qualidade e profundidade à tua convicção.

Ela é o facho que brilha na tua noite escura, o porto que te abriga no momento da tempestade, a barca de condução pelo mar tumultuado, a bússola a indicar-te o roteiro a seguir.

Tendo-a mantida com o combustível dos sentimentos enobrecidos, avançarás sem detença por caminhos difíceis e vencerás batalhas internas que o mundo desconhece, mas que são de grande importância na agenda dos teus compromissos espirituais.

Associa, portanto, fé e ação, nunca te distanciando da lógica nem da razão, tampouco esperando concessões especiais como efeito da tua adesão aos postulados libertadores da Filosofia espírita.

Mede-se a grandeza de um ideal pelas resistências que proporciona àqueles que o abraçam. Se faculta coragem e abnegação com resistência para os enfrentamentos é digno e nobre. No entanto, se no momento apropriado não oferece as forças indispensáveis à permanência na frente de batalha, pode lembrar formosas e raras orquídeas que, para manterem a beleza, nutrem-se, parasitas de outras expressões vivas...

Na vida estoica de mulheres e de homens idealistas, a sua dedicação total e firme tem sido defluente da decisão racional por haverem elegido o que lhes era de melhor, estimulando-os a manter-se resistentes em relação ao mal,

*Vitória sobre a depressão*

suportando o fardo das aflições com coragem invejável e com imensa alegria.

Nunca te permitas abater pela tristeza quando convidado à demonstração da excelência da tua fé racional. Pelo contrário, exulta, porque confirmas que somente te acontece aquilo que é de melhor para o teu desenvolvimento ético-moral, fazendo de ti um exemplo de dedicação, neste mundo rico de teorias e pobre de dignificação.

# 29

# A VERDADE DESVELADA

Em todas as épocas, a busca da verdade é uma constante.

Vestida de mitos e lendas, apresentada em metáforas ou como a última palavra, a verdade é sempre enigmática e transitória, exceção a algumas das suas expressões imortalistas.

Por essa razão, a verdade pode apresentar-se como a maneira de entender do observador, em razão do seu nível de consciência, do observado, em face da sua capacidade de entendimento, e aquela que é a real, a que transcende a compreensão momentânea das criaturas e manifesta-se depois, sendo, a pouco e pouco, desvelada.

A tarefa da Ciência, da Religião, assim como da Filosofia, tem sido a de penetrar no *mistério* da verdade e, através da observação, da análise, da experiência, torná-la factível no mundo das formas, aceita e aplicada como diretriz de equilíbrio e de segurança moral.

Quanto mais se desenvolvem o psiquismo e o sentimento humanos, mais ampla se torna a sua capacidade para entender, descobrir e vivenciar a verdade, pelo menos aquela que é conquistada de momento.

Transitória, em cada época, o seu fundamento, entretanto, é sempre o mesmo, sendo a maneira de expressar-se que varia, adquirindo legitimidade ou perdendo o significado.

Dessa maneira, muitas das suas manifestações consideradas reais por uns não o são por outros, tornando-se inútil qualquer tentativa de as impor àqueles que se encontram na margem oposta, fortalecidos por especiais e próprias considerações.

Mesmo Jesus, o Espírito mais nobre que esteve na Terra, quando interrogado por Pilatos sobre a verdade, silenciou, porque aquele administrador mesquinho não a podia entender. Nada obstante, informara antes que: *Todo aquele que é da verdade* ouvia-Lhe a voz. (João, 18:37).

A verdade, portanto, transcende a indumentária linguística para tornar-se um estado interior de conquista espiritual, característica dos Espíritos nobres e sábios.

Ante a impossibilidade natural de conhecer-se a verdade de um para outro momento, o aventureirismo cultural veste-a de complicadas informações que mais a desfiguram e a ocultam.

Por outro lado, a verdade é simples como o ar que se respira, a paisagem rutilante que enternece, o brilho das estrelas que fascina, o sentimento de amor que dignifica e eleva...

A dificuldade consiste em expressá-la, tornando-a de fácil compreensão, o que conseguem os sofistas, os hábeis mistificadores, que se habilitam em confundir e enganar, porque não a têm ao alcance...

– *Buscai a verdade, e a verdade vos libertará* – propôs Jesus.

*Vitória sobre a depressão*

Certamente, referia-se à verdade profunda, àquela que diz o ser que se é, qual a finalidade da sua existência na Terra e as razões que explicam os sofrimentos, os desafios e as dificuldades que defronta na sua trajetória autoiluminativa.

❖

Nunca imponhas a tua verdade, defendendo-a com vigor, toda vez quando fores convidado a expressá-la.

Expõe o que pensas com tranquilidade e bem-estar, de maneira fácil e simpática, que a torne atraente e não repulsiva.

Evita o puritanismo que te jactaria diante daqueles que ainda permanecem na ignorância de determinados conhecimentos, expressando-te sem complexidades nem arroubos de cultura vazia.

Por muito falar, poucos se fazem entendidos.

Silencia quando perceberes que o momento não é próprio, as circunstâncias não são favoráveis, aguardando a tua oportunidade sem pressa nem aflição.

Tornam-se muito frequentes as abordagens sobre as verdades de cada um com caráter de generalidade.

No que diz respeito à área dos aconselhamentos espirituais, tem muito cuidado com a colocação do teu verbo na concha dos sentimentos de quem te pede socorro.

Nem todos estão preparados para tomar conhecimento de determinadas informações que mais os afligirão do que os confortarão.

Evita os diagnósticos desesperadores, o engessamento em fórmulas adrede estabelecidas, recordando-te de que aquele que te busca necessita de orientação e não de intimidamento, de conforto moral e não de acrimônia. Tudo quanto lhe digas, seja assinalado pela bondade e pela gentileza, demonstrando que é possível libertar-se da situação penosa, desde que se interesse pelo conseguir, não assinalando ninguém com rótulos depressivos, perturbadores, aparvalhantes...

Se alguém é portador de algum problema obsessivo, por exemplo, que detectas, não o amargures com a informação assustadora, que ele não tem capacidade para digerir, nem sequer para entender, perdendo-se em conceitos que abarcam soluções mágicas, punitivas ou destrutivas...

Encaminha o paciente às atividades do estudo, do esclarecimento espiritual e moral, conclamando-o à reflexão, à transformação de conduta pessoal para melhor, abordando as bênçãos da saúde que o espera, caso resolva-se por ser feliz.

Essa atitude o fará confiante, auxiliá-lo-á a sair do pesadelo sem temor, a percorrer os novos caminhos apontados como estradas de fácil acesso, observando, à distância, a claridade da saúde e da alegria.

Nunca te permitas abordagens em torno do que ignoras, dando a falsa impressão de que sabes tudo e estás informado a respeito de todas as coisas.

Sê simples no falar e, sobretudo, no esclarecer.

A autenticidade das tuas palavras será revelada pela onda de simpatia e de verdade que exteriorizarás.

O mundo está referto de pseudossábios, de ilusionistas, de pessoas brilhantes por fora, debatendo-se em sombras interiores.

*Vitória sobre a depressão*

É cada vez maior o número de portadores de verdades interesseiras em moedas e retribuições pelos seus feitos.

Não sejas um a mais, porém, alguém equilibrado que encontrou o caminho e segue-o com alegria e simplicidade de coração.

A tua verdade é muito boa para ti, vive-a, então, permitindo que os demais realizem o seu encontro pessoal e desfrutem-lhe as bênçãos de que necessitam, quando assim ocorrer.

# 30

# CONQUISTA E PRESERVAÇÃO DA SAÚDE

O esforço pela conquista e preservação da saúde deve constituir-se numa das razões fundamentais da existência humana.

É natural que durante a vilegiatura carnal o organismo experimente mudanças no seu quadro de apresentação, sofrendo os fenômenos biológicos de acordo com a programação evolutiva de cada espírito.

Saúde e doença, portanto, fazem parte do esquema existencial. Nada obstante, a busca pelo bem-estar, que deflui do equilíbrio psicofísico e emocional, transforma-se em necessidade inadiável.

Herdeiro das realizações pretéritas, o ser humano avança pelas multifárias reencarnações sob os camartelos dos atos infelizes ou as blandícias das ações edificantes. Isso, porém, pode sofrer alterações, quando se trata dos dramas afligentes e das enfermidades pungitivas que resultam dos fenômenos de desobediência às Leis de Deus, através da mudança das paisagens mentais, os pensamentos enobrecidos, que se transformarão em atos saudáveis, diminuindo a carga dos débitos contraídos anteriormente.

Nada acontece de bom ou de mal à criatura humana sem uma causa anterior que o desencadeie. Dentro desse raciocínio, os efeitos perniciosos que agora se apresentam podem ser modificados, desde que sejam tomadas atitudes diferentes, geradoras de futuros resultados, que se apresentarão benéficos.

Ninguém jornadeia na Terra sob imposições punitivas. Aquilo que muitos consideram como castigo não passa de corrigenda de que necessita, a fim de manter-se em equilíbrio perante o cosmo.

A Justiça de Deus é equânime, não variando de um para outro ser, a todos se apresentando de igual maneira, conforme estabelecida nas Leis que regem a Natureza.

Quando se ora, suplicando que as aflições sejam diminuídas e até vencidas, o anelo deve ser o de conseguir-se forças para suportá-las, sem os fenômenos psicológicos da irritação, da revolta, do desespero, que mais lhes intensificam a presença perturbadora.

Orando, o Espírito apazigua-se, porque haure energias confortadoras, e enriquece-se de esperança, na comunhão com as Forças Divinas, restabelecendo o ânimo, quando combalido, dispondo-se ao prosseguimento, quando extenuado, alegrando-se pela experiência reparadora.

A oração não deve ser encarada como um recurso que elimina o sofrimento, mas como terapêutica valiosa para a vitória sobre o mesmo.

Equivoca-se aquele que supõe encontrar solução miraculosa, sem esforço, quando roga o amparo divino, entregando-se ao recurso da prece.

Graças à visão otimista em torno dos efeitos do sofrimento de que necessita, desperta para nova realidade, adquirindo forças morais e físicas, emocionais e psíquicas para os enfrentamentos, à semelhança daquele que se submete a cuidadosa terapêutica medicamentosa que lhe irá revitalizar o organismo depauperado...

Pode-se, portanto, e deve-se buscar o conforto moral da prece, sintonizando com a Divindade, da qual promanam as forças vivas que sustentam o Universo.

O ato de orar produz mudança vibratória em quem se encontra sob constrições de enfermidades de variada natureza.

O corpo humano é a mais grandiosa obra de engenharia que se conhece.

O seu aparelho circulatório, que mede entre cento e cinquenta mil e cento e noventa mil quilômetros de artérias, veias e vasos em um circuito especializado, é autorreparador, porque produz todo o material de que necessita para a preservação dos seus equipamentos.

Autônomo, todo o organismo vive individualmente dentro da argamassa celular que o constitui, sob o comando da mente. De acordo com a estrutura mental, tem-se, portanto, o corpo, conforme os esquemas espirituais resultantes dos comportamentos em existências transatas. Elaborado sob supervisão de hábeis programadores espirituais, a sua organização é programada com o objetivo de atender aos compromissos para os quais renasce, dentro das linhas de conduta que se permitiu nas experiências anteriores.

De igual maneira ao que sucede a qualquer empreendedor, que se arrima aos conhecimentos e vivências adquiridos, todos os seus labores resultam dessas conquistas, ou enfrenta dificuldades, quando não dispõe desses alicerces construídos anteriormente.

A saúde, com efeito, não é uma ausência de doenças na sua organização complexa, podendo ocorrer pequenos ou grandes distúrbios que, no entanto, não afetam, realmente, a estrutura geral, nem o quadro de bem-estar.

Muitas ocorrências classificadas como doença podem ser perfeitamente incorporadas à área da saúde, desde que o ser interno saiba conduzir-se com o equilíbrio indispensável para atender a momentânea desorganização celular, logo se recompondo.

Adquirido esse estado de alegria de viver, como efeito do equilíbrio da maquinaria orgânica, todo esforço deve ser aplicado na sua conservação.

Muitas vezes, adquirir algo, embora exigindo sacrifício, torna-se fácil, no entanto, preservar a conquista realizada constitui um desafio que deve ser levado adiante ao preço da persistência e da vigilância contínuas.

Pessoas existem, pessimistas e derrotistas, que, ao se encontrarem com boa disposição na área da saúde, começam a imaginar o que lhes acontecerá de perturbador, logo depois, tão acostumadas estão ao comportamento depressivo, que facilmente retornam à situação viciosa e lamentável.

O cultivo, portanto, das ideias e ideais otimistas, elaborados dentro das possibilidades de vivência em paz e com alegria, produz resultados excelentes, que impedem a instalação dos transtornos de conduta, particularmente os da depressão.

Uma existência laboriosa, ativa, guiada pela mente edificada no amor e na solidariedade transforma-se num arquipélago de saúde, mesmo quando ocorram alguns fenômenos de aflição, perfeitamente controláveis.

Cada Espírito é responsável por tudo quanto lhe acontece.

Se pretendes bem-estar, saúde e alegria, envolve-te na luz do amor, edificando-te interiormente mediante o cultivo dos pensamentos superiores, não te permitindo angústias desnecessárias, ansiedades injustificáveis, medos sem lógica, solidão egoísta...

Entrega-te a Deus, e n'Ele confia integralmente, certo de que nunca estarás a sós, nem mesmo quando d'Ele te apartes, porque o Seu amor vige em todo lugar e mantém a harmonia universal.

Podes, portanto, adquirir a saúde e preservá-la, se te resolveres por ser feliz e te empenhares na execução do programa iluminativo que te diz respeito.

*Anotações*

*Anotações*

*Anotações*

*Anotações*

*Anotações*

*Anotações*